Dinosaur
Mesozoic Dinosaur Papertoy Book

딜로포사우루스
Dilophosaurus

스테고사우루스
Stegosaurus

브라키오사우루스
Brachiosaurus

크로노사우루스
Kronosaurus

스피노사우루스
Spinosaurus

트리케라톱스
Triceratops

안킬로사우루스
Ankylosaurus

티라노사우루스
Tyrannosaurus

파라사우롤로푸스
Parasaurolophus

프테라노돈
Pteranodon

저자 소개

DNA디자인스튜디오

DNA디자인스튜디오는 '세상에 없던 유니크한 즐거움~!!'을 모토로 모두가 즐거워할 수 있는 콘텐츠를 기획하고 디자인합니다.
디자인의 긍정적인 기능으로 인해 많은 사람들이 삶에 가치를 더하기를 기대합니다.

독창적인 디자인 스타일을 기반으로 새로운 시도에 앞장서며 브랜딩, 콘텐츠 개발, 상품 개발, 출판 등 다양한 분야의 콘텐츠 개발 프로젝트를 진행하고 있습니다.
특히, DNA페이퍼토이는 DNA디자인스튜디오 창립 아이템으로 10년 이상의 제작 노하우와 세심한 개발 방식으로 전 연령대의 사람들의 사랑을 받고
있습니다. 그중 어린이들의 교육적인 측면에서의 기능을 많이 인정받고 있어, 그 장점을 충분히 표현하고 있는 이번 페이퍼토이 북의 시도는 큰 의미를
지닌다고 할 수 있습니다. 자, 이제 DNA페이퍼토이 세상으로 여행을 떠날 준비가 되었나요?

CONTENTS

페이퍼토이로 만나는 중생대 공룡의 생생한 모습!

중생대 공룡들을 페이퍼토이로 만들어 보아요!

중생대는 거대 파충류인 공룡이 살았던 시대로 크게 트라이아스기, 쥐라기, 백악기로 나뉘어있어요. 공룡은 트라이아스기 후기에 출현하여 2억 년 넘게 전 세계에 걸쳐 번식하며 지구상의 주된 육상동물로서 진화하다가 백악기 말에 백악기 대멸종으로 조류를 제외한 모든 공룡이 멸종되었답니다. 지금은 사라진 공룡을 페이퍼토이로 직접 만들고 공룡의 생김새와 특징에 관해 공부해 보아요.

공룡이 살던 시기

고생대	중생대			신생대
	트라이아스기	쥐라기	백악기	
	약 2억 5,190만 년 전 ~ 2억 130만 년 전	약 2억 130만 년 전 ~ 1억 4,500만 년 전	약 1억 4,500만 년 전 ~ 6,600만 년 전	

공룡의 분류

공룡은 엉덩이뼈 모양으로 나뉘어요. 파충류와 비슷한 형태의 엉덩이뼈를 가진 용반목과 조류의 엉덩이뼈 형태와 유사한 조반목으로 나뉩니다.

공룡							익룡	수장룡
용반목		조반목						
수각류	용각류	검룡류	곡룡류	각룡류	후두류	조각류		
두 발 공룡	네 발 공룡	등에 골판이 있는 네 발 공룡	두꺼운 갑옷을 입은 네 발 공룡	뿔과 프릴이 있는 네 발 공룡	딱딱한 돌머리를 가진 두 발 공룡	두 발로도 걷고 네 발로도 걷는 공룡	하늘을 나는 파충류	바다에 사는 파충류

01 딜로포사우루스 Dilophosaurus

턱이 강하지 않아 손톱으로 먹이를 잡아먹었던 육식공룡입니다. 머리에는 가느다란 초승달 모양의 큰 볏이 한 쌍 있습니다.

02 스테고사우루스 Stegosaurus

꼬리에 있는 가시와 등에 두 줄로 배열된 골판을 이용해 포식자의 공격으로부터 몸을 보호했던 초식공룡입니다.

03 브라키오사우루스 Brachiosaurus

가장 큰 육지 동물 중 하나로, 긴 목과 무거운 몸이 특징인 초식공룡입니다.

04 크로노사우루스 Kronosaurus

성격이 난폭하며 강한 턱과 날카로운 이빨로 먹잇감을 사냥한 수장룡입니다. 그리스 로마 신화 크로노스에서 이름을 따왔으며, 당시 바다의 최상위 포식자로 추측됩니다.

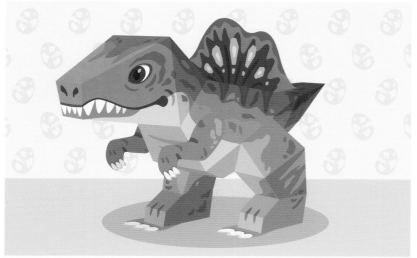

05 스피노사우루스 Spinosaurus

부채 모양처럼 펼쳐진 커다란 등지느러미와 날카로운 곧은 이빨을 가진 육식공룡입니다. 이빨의 형태로 보아 물가나 늪지대에 살며 물고기를 사냥했을 것으로 알려져 있습니다.

06 트리케라톱스 Triceratops

단단한 뼈로 된 짧은 주름장식과 함께 세 개의 뿔이 달린 초식공룡입니다.
가장 최후로 멸종한 공룡 중 하나입니다.

07 안킬로사우루스 Ankylosaurus

곤봉 모양의 꼬리와 두꺼운 머리뼈, 등뼈를 가진 초식공룡입니다.
머리와 등, 꼬리는 융합된 갑옷판과 피부 가죽에 박힌 가시로 덮여 있습니다.

08 티라노사우루스 Tyrannosaurus

먹이사슬의 꼭대기에 있는 사납고 포악한 육식공룡입니다.
날카로운 이빨과 강력한 턱으로 공격해 뼈를 부수거나
먹잇감을 턱 안에 가두어 죽을 때까지 흔들어 사냥했습니다.

09 파라사우롤로푸스 Parasaurolophus

입은 오리주둥이처럼 넓적하고, 속이 빈 긴 볏을 통해 나팔
소리를 내며 무리 생활을 했던 초식공룡입니다. 긴 볏은
소리를 내어 의사소통에 사용했을 것으로 추측됩니다.

10 프테라노돈 Pteranodon

이빨 없는 가느다란 부리와 거대한 날개를 가진 익룡입니다.
머리 뒤쪽에 길게 솟아 있는 볏은 하늘을 날 때 방향과 균형을
잡는 역할을 합니다.

페이퍼토이 만들기 TIP

① 완성된 이미지와 조립설명서를 천천히 읽어보세요.

② 부품을 도면에서 뜯어내고, 점선을 따라 접어주세요.

③ 물방울에 적힌 순서대로 풀을 발라 붙여주세요.

④ 각각의 부품을 조립한 후 하나로 합쳐주세요.

⑤ 화살표가 그려진 부품은 알맞은 홈을 찾아 끼워주세요.

⑥ 완성된 페이퍼토이는 풀이 완전히 마를 때까지 10분 정도
기다려줍니다.

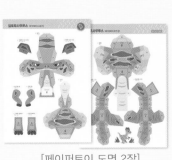

[페이퍼토이 도면 2장]

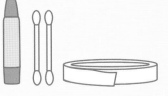

[목공용 풀 / 면봉 / 양면테이프]

*함께 사용하면 편리해요

[완성된 페이퍼토이 예시]

딜로포사우루스 Dilophosaurus

쥐라기 전기에 활동한 머리에 초승달 모양의 한 쌍의 볏이 특징인 육식공룡입니다.

용반목 / 육식공룡

[딜로포사우루스 분포 지역]

북아메리카

·학명	Dilophosaurus wetherilli
·몸길이	6~7m
·무게	400~500kg
·키	1.5m
·활동시기	쥐라기 전기

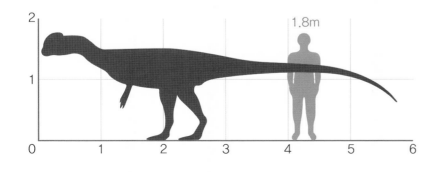

볏이 두 개인 도마뱀

딜로포사우루스는 머리에 초승달 모양의 한 쌍의 뼈 같은 볏이 특징인 육식공룡입니다. 이 볏은 너무 약해 무기로는 사용할 수 없었지만, 자신을 과시하거나 소통에 사용되었을 가능성이 있습니다.

수컷은 이 볏으로 몸집을 더 크게 보이게 해 포식자에게 위협적이거나 암컷에게 매력적으로 보였을 것으로 추측됩니다.

먹잇감을 찾아 우거진 숲과 탁 트인 삼림지대를 돌아다니며, 속이 빈 뼈와 민첩한 다리, 길고 가느다란 꼬리를 이용해 빠르게 움직일 수 있었습니다. 턱은 강하지 않아 사냥감을 단번에 죽이기 어려웠으며, 갈고리 같은 손톱을 사용하거나 이미 죽은 동물을 먹이로 삼았을 가능성도 있습니다.

딜로포사우루스 페이퍼토이 만들기 설명서

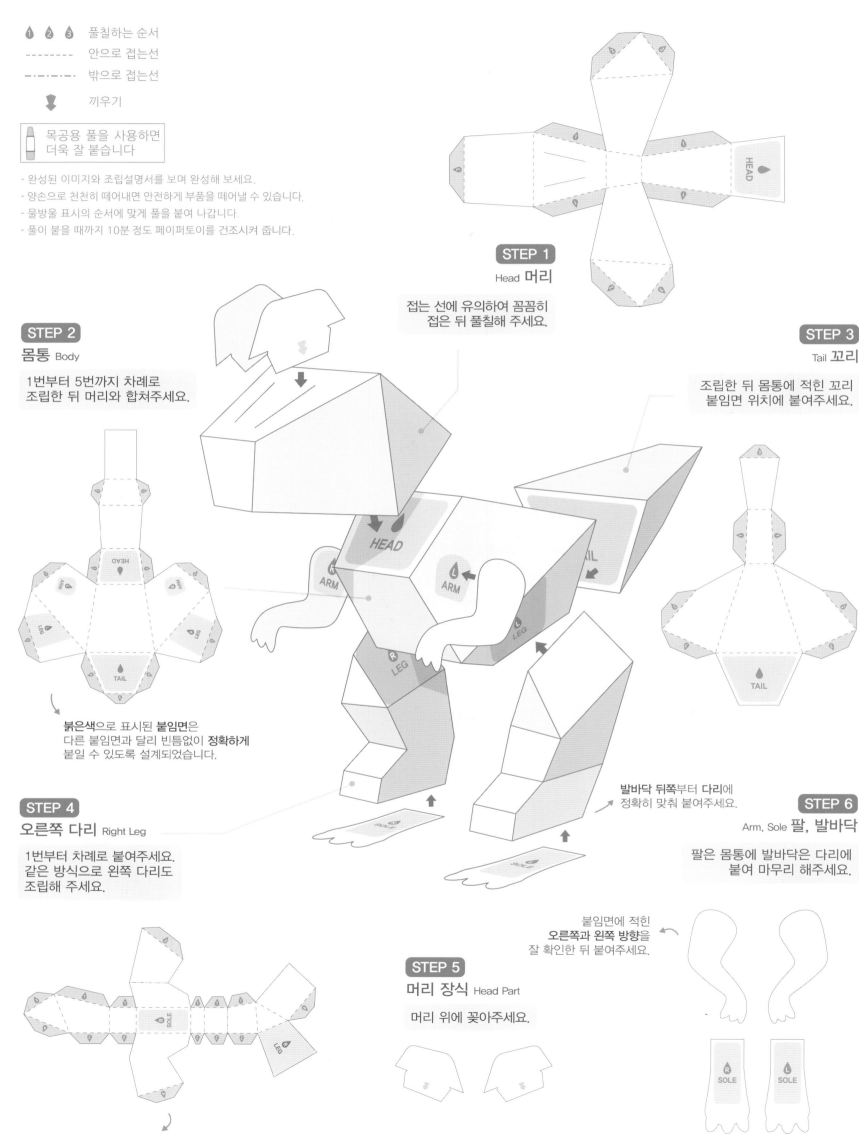

① ② ③　풀칠하는 순서

--------　안으로 접는선

-·-·-·-·-　밖으로 접는선

　　　　　끼우기

목공용 풀을 사용하면
더욱 잘 붙습니다

- 완성된 이미지와 조립설명서를 보며 완성해 보세요.
- 양손으로 천천히 떼어내면 안전하게 부품을 떼어낼 수 있습니다.
- 물방울 표시의 순서에 맞게 풀을 붙여 나갑니다.
- 풀이 붙을 때까지 10분 정도 페이퍼토이를 건조시켜 줍니다.

STEP 1
Head 머리

접는 선에 유의하여 꼼꼼히
접은 뒤 풀칠해 주세요.

STEP 2
몸통 Body

1번부터 5번까지 차례로
조립한 뒤 머리와 합쳐주세요.

STEP 3
Tail 꼬리

조립한 뒤 몸통에 적힌 꼬리
붙임면 위치에 붙여주세요.

붉은색으로 표시된 붙임면은
다른 붙임면과 달리 빈틈없이 정확하게
붙일 수 있도록 설계되었습니다.

STEP 4
오른쪽 다리 Right Leg

1번부터 차례로 붙여주세요.
같은 방식으로 왼쪽 다리도
조립해 주세요.

발바닥 뒤쪽부터 다리에
정확히 맞춰 붙여주세요.

STEP 6
Arm, Sole 팔, 발바닥

팔은 몸통에 발바닥은 다리에
붙여 마무리 해주세요.

붙임면에 적힌
오른쪽과 왼쪽 방향을
잘 확인한 뒤 붙여주세요.

STEP 5
머리 장식 Head Part

머리 위에 꽂아주세요.

 다리를 몸통에 붙일 때
몸통에 적힌 다리 붙임면 가이드에 맞춰 빈틈없이 붙여야 안정적으로 서 있을 수 있습니다.

■ 머리
Head

■ 오른쪽 머리 장식
Right Head Part

■ 왼쪽 머리 장식
Left Head Part

■ 꼬리
Tail

■ 오른쪽 팔
Right Arm

■ 왼쪽 팔
Left Arm

■ 오른쪽 발바닥
Right Sole

■ 왼쪽 발바닥
Left Sole

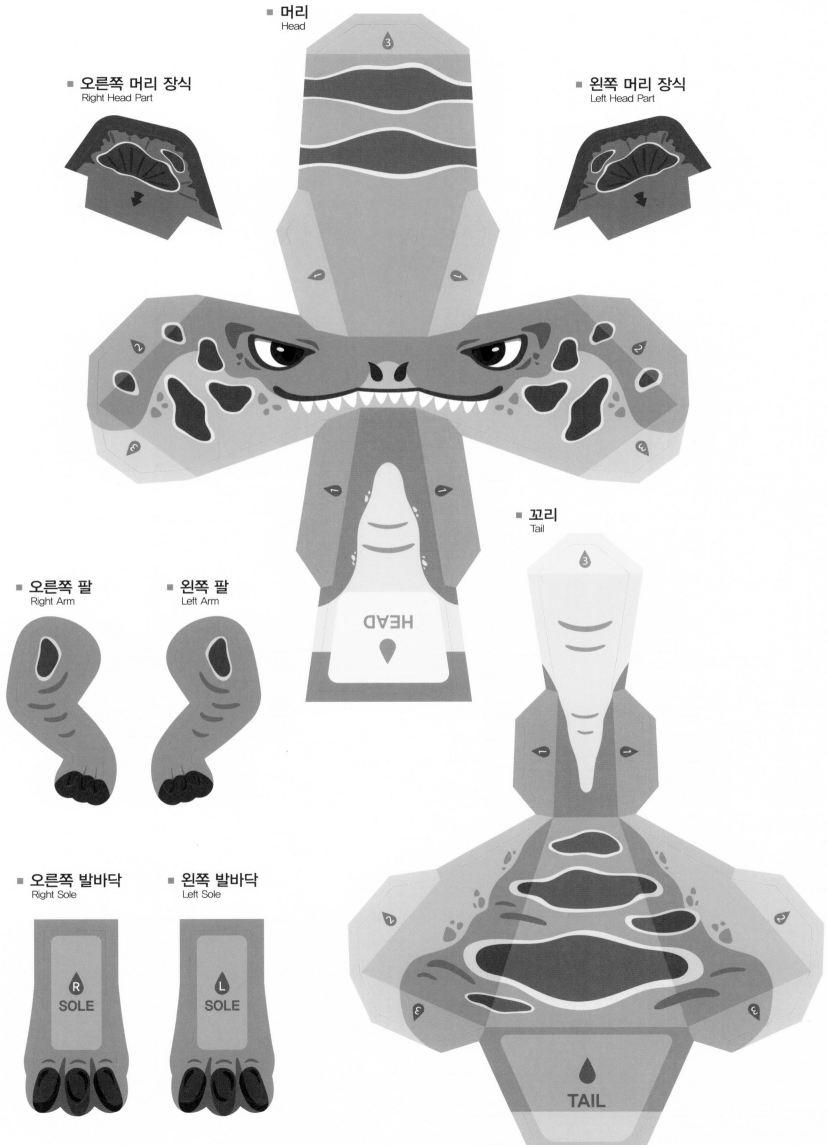

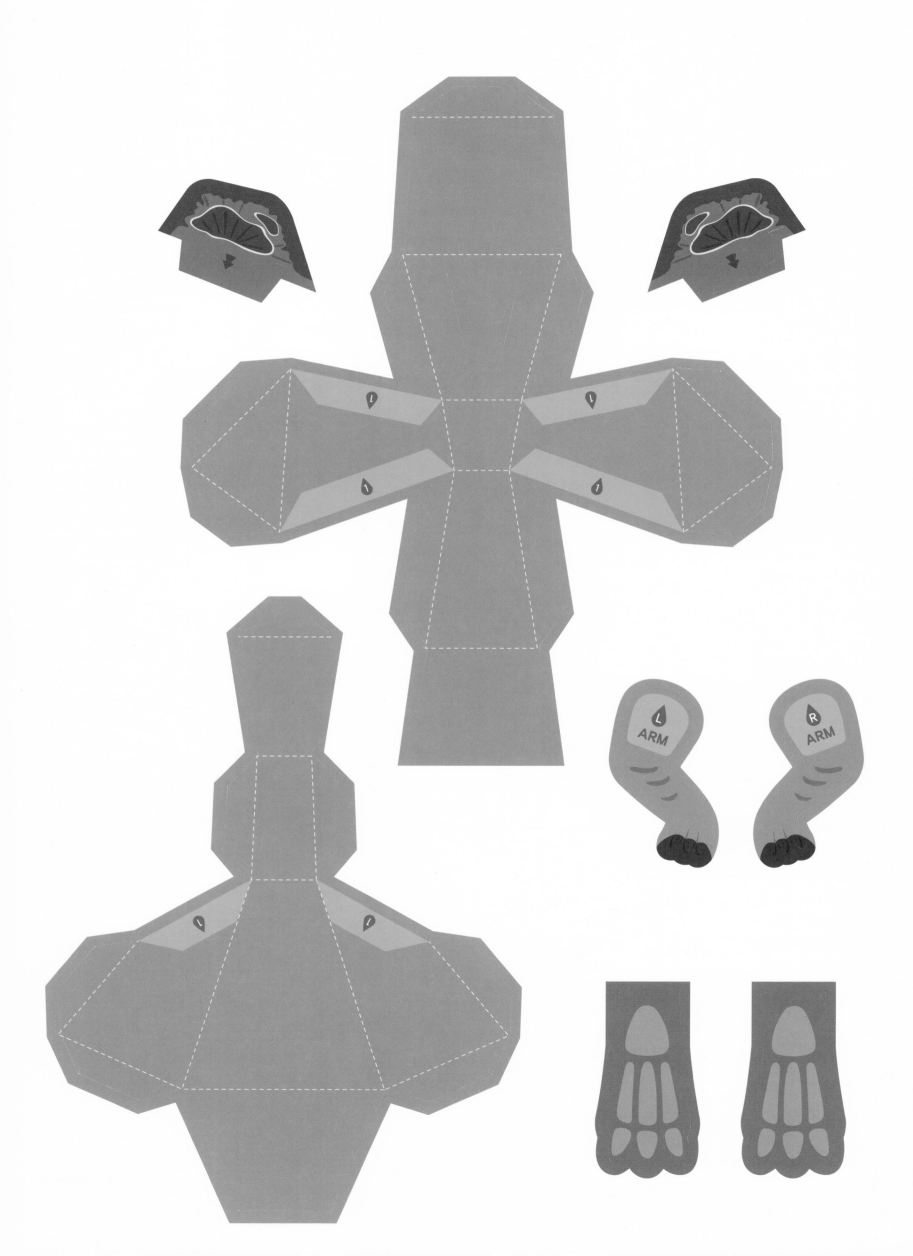

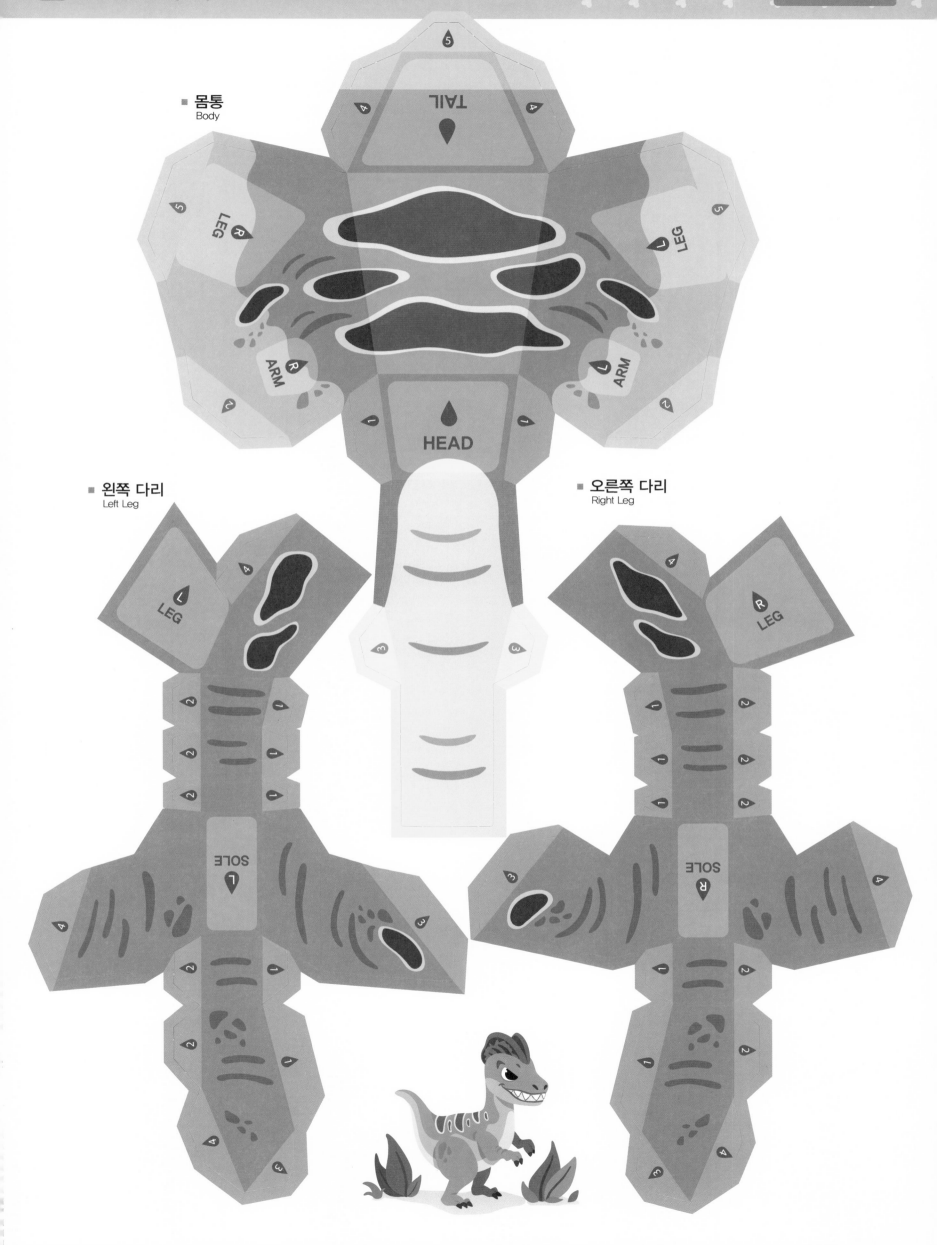

■ 몸통
Body

TAIL

LEG
R

LEG
L

ARM
R

ARM
L

HEAD

■ 왼쪽 다리
Left Leg

LEG
L

SOLE
L

■ 오른쪽 다리
Right Leg

LEG
R

SOLE
R

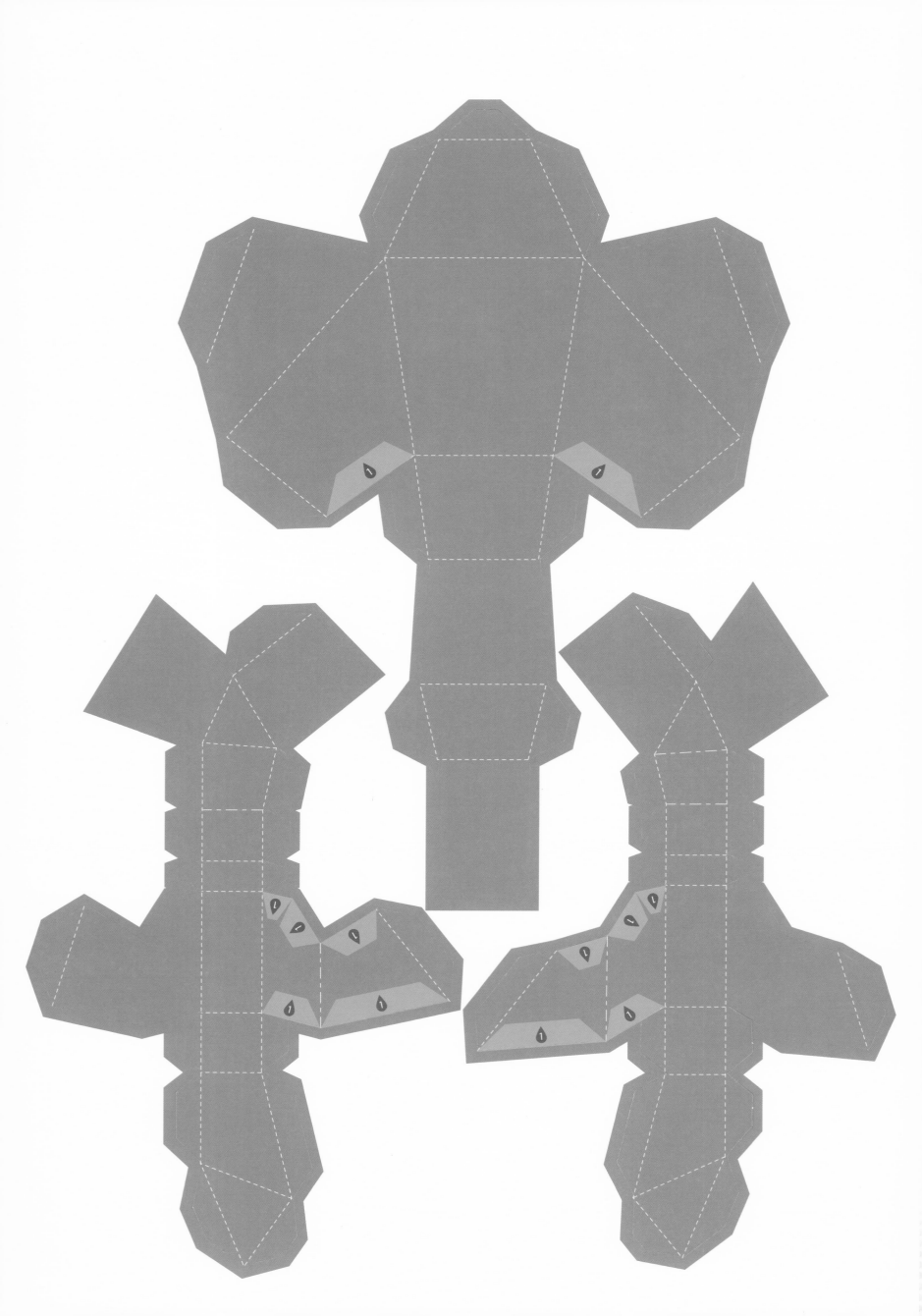

스테고사우루스 Stegosaurus

쥐라기 후기에 활동한 등줄기를 따라 나 있는 골판이 특징인 초식공룡입니다.

조반목 / 초식공룡

[스테고사우루스 분포 지역]

북아메리카

· **학명**   Stegosaurus stenops

· **몸길이**   8~9m

· **무게**   2~2.6t

· **키**   3m

· **활동시기** 쥐라기 후기

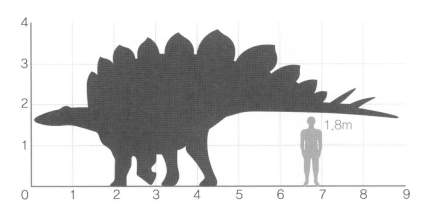

1.8m

지붕 도마뱀

스테고사우루스는 17개의 골판이 등부터 꼬리까지 나열되어 있어 '지붕 도마뱀'이라고 불립니다.

스테고사우루스 등의 골판들은 서로 마주 보지 않고 좌우로 교차하는 형태로 배열되어 있으며, 많은 연구자들은 골판이 상대에게 자신을 과시하는 데 사용되었을 가능성이 있다고 이야기합니다. 또한, 포식자에게 위협적인 인상을 주어 자신을 방어하는 데 도움을 주었을 것으로 보입니다.

큰 몸집에 비해 머리가 작고, 뇌 또한 호두알 크기 정도로 달걀의 무게와 비슷해 공룡 중 머리가 가장 나쁘고 행동이 느렸을 것으로 추측됩니다. 꼬리에는 뼈로 된 날카로운 네 개의 가시가 있어 육식공룡을 물리치는 강력한 방어 무기로 사용되었습니다.

스테고사우루스 페이퍼토이 만들기 설명서

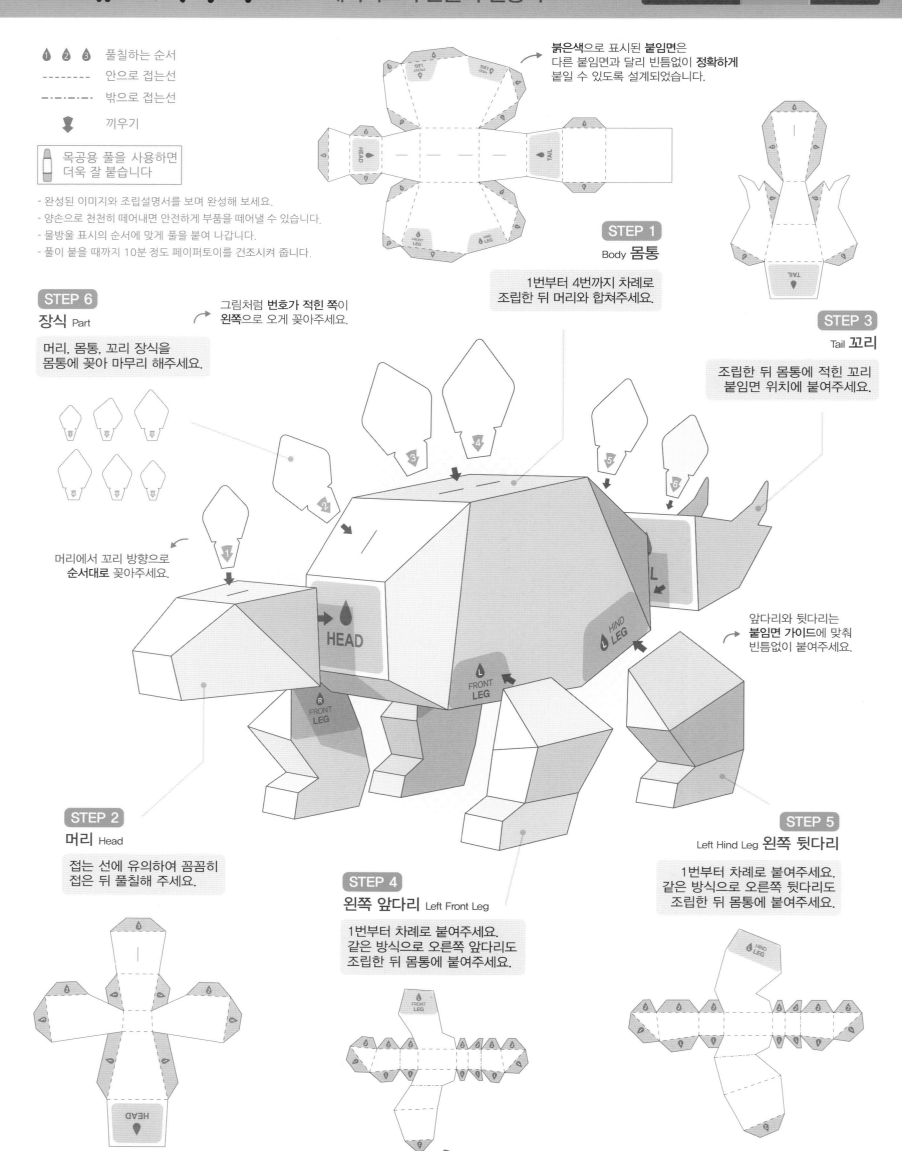

💧 2 3　풀칠하는 순서

┄┄┄┄┄　안으로 접는선

┄·┄·┄　밖으로 접는선

▼　끼우기

🖊 목공용 풀을 사용하면 더욱 잘 붙습니다

- 완성된 이미지와 조립설명서를 보며 완성해 보세요.
- 양손으로 천천히 떼어내면 안전하게 부품을 떼어낼 수 있습니다.
- 물방울 표시의 순서에 맞게 풀을 붙여 나갑니다.
- 풀이 붙을 때까지 10분 정도 페이퍼토이를 건조시켜 줍니다.

붉은색으로 표시된 붙임면은 다른 붙임면과 달리 빈틈없이 정확하게 붙일 수 있도록 설계되었습니다.

STEP 1
Body 몸통

1번부터 4번까지 차례로 조립한 뒤 머리와 합쳐주세요.

STEP 3
Tail 꼬리

조립한 뒤 몸통에 적힌 꼬리 붙임면 위치에 붙여주세요.

STEP 6
장식 Part

머리, 몸통, 꼬리 장식을 몸통에 꽂아 마무리 해주세요.

그림처럼 번호가 적힌 쪽이 왼쪽으로 오게 꽂아주세요.

머리에서 꼬리 방향으로 순서대로 꽂아주세요.

앞다리와 뒷다리는 붙임면 가이드에 맞춰 빈틈없이 붙여주세요.

STEP 2
머리 Head

접는 선에 유의하여 꼼꼼히 접은 뒤 풀칠해 주세요.

STEP 4
왼쪽 앞다리 Left Front Leg

1번부터 차례로 붙여주세요. 같은 방식으로 오른쪽 앞다리도 조립한 뒤 몸통에 붙여주세요.

STEP 5
Left Hind Leg 왼쪽 뒷다리

1번부터 차례로 붙여주세요. 같은 방식으로 오른쪽 뒷다리도 조립한 뒤 몸통에 붙여주세요.

다리를 몸통에 붙일 때 ⚠
몸통에 적힌 다리 붙임면 가이드에 맞춰 빈틈없이 붙여야 안정적으로 설 수 있습니다.

초식

■ 머리
Head

■ 몸통
Body

■ 머리 장식
Head Part

■ 몸통 장식
Body Part

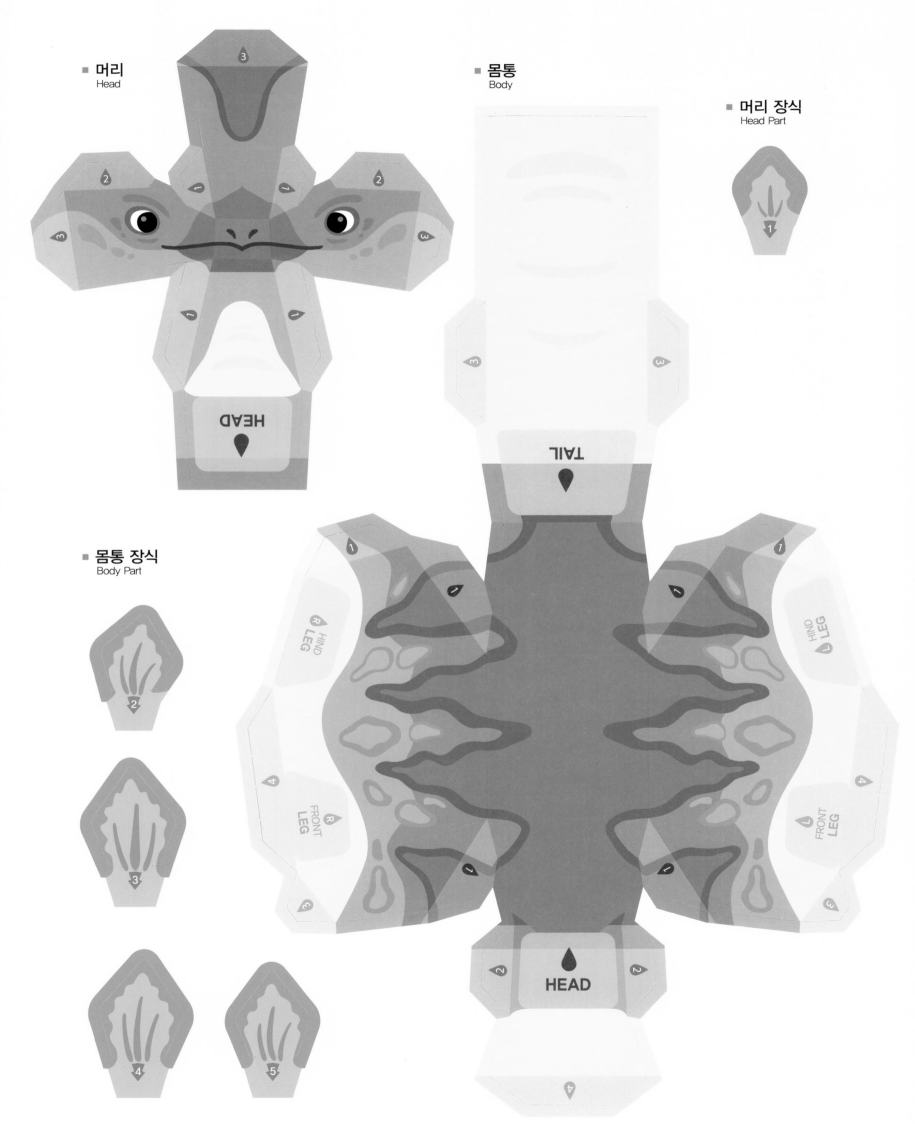

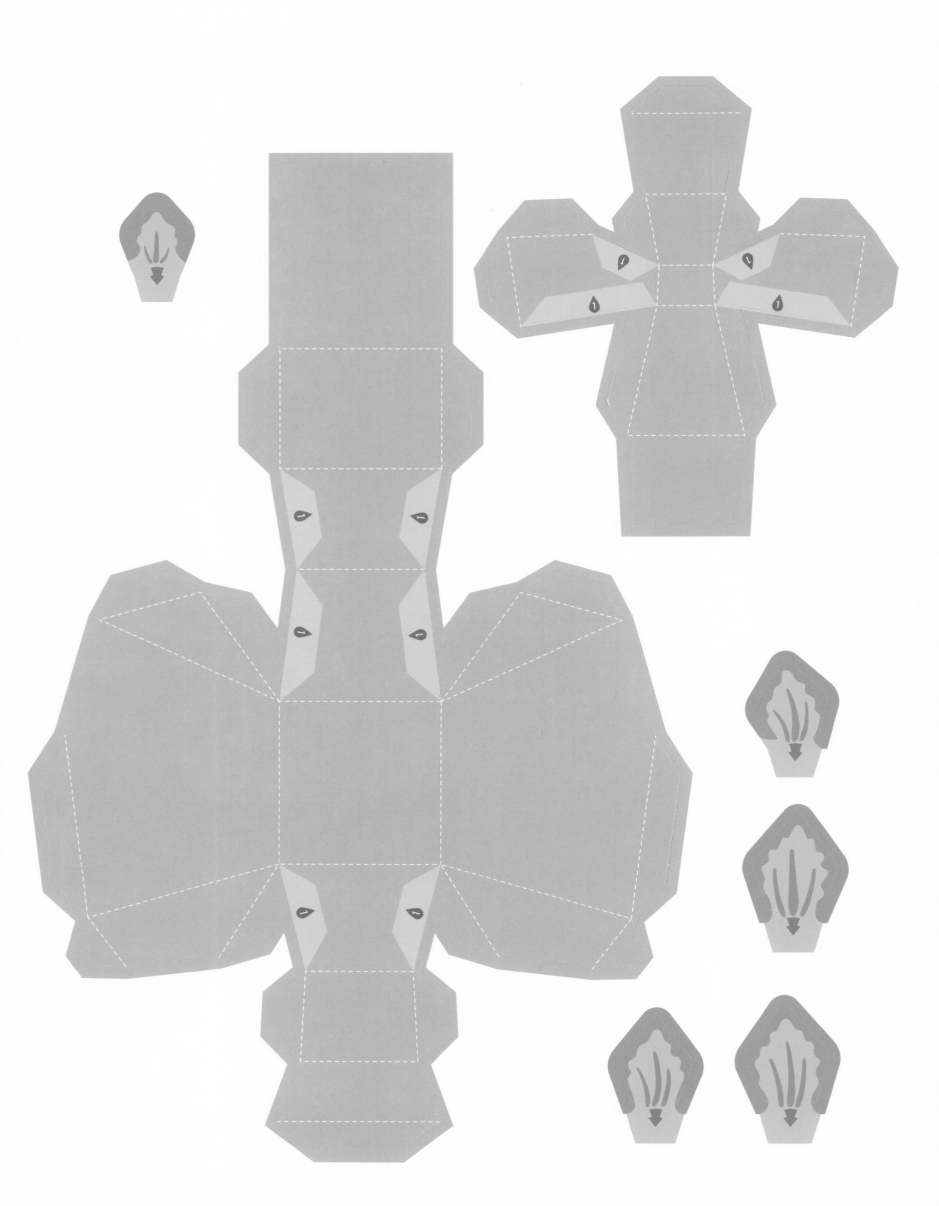

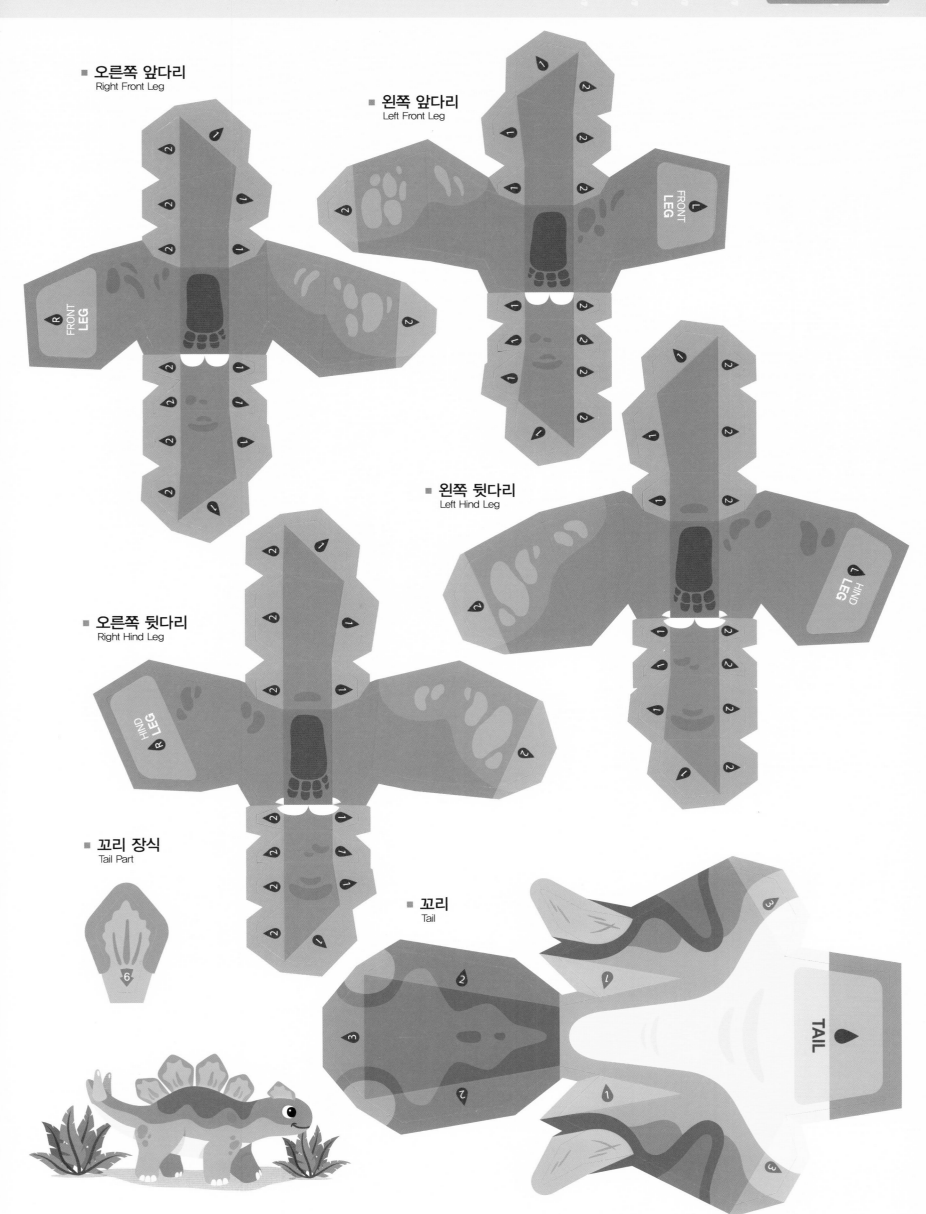

- 오른쪽 앞다리
  Right Front Leg

- 왼쪽 앞다리
  Left Front Leg

- 왼쪽 뒷다리
  Left Hind Leg

- 오른쪽 뒷다리
  Right Hind Leg

- 꼬리 장식
  Tail Part

- 꼬리
  Tail

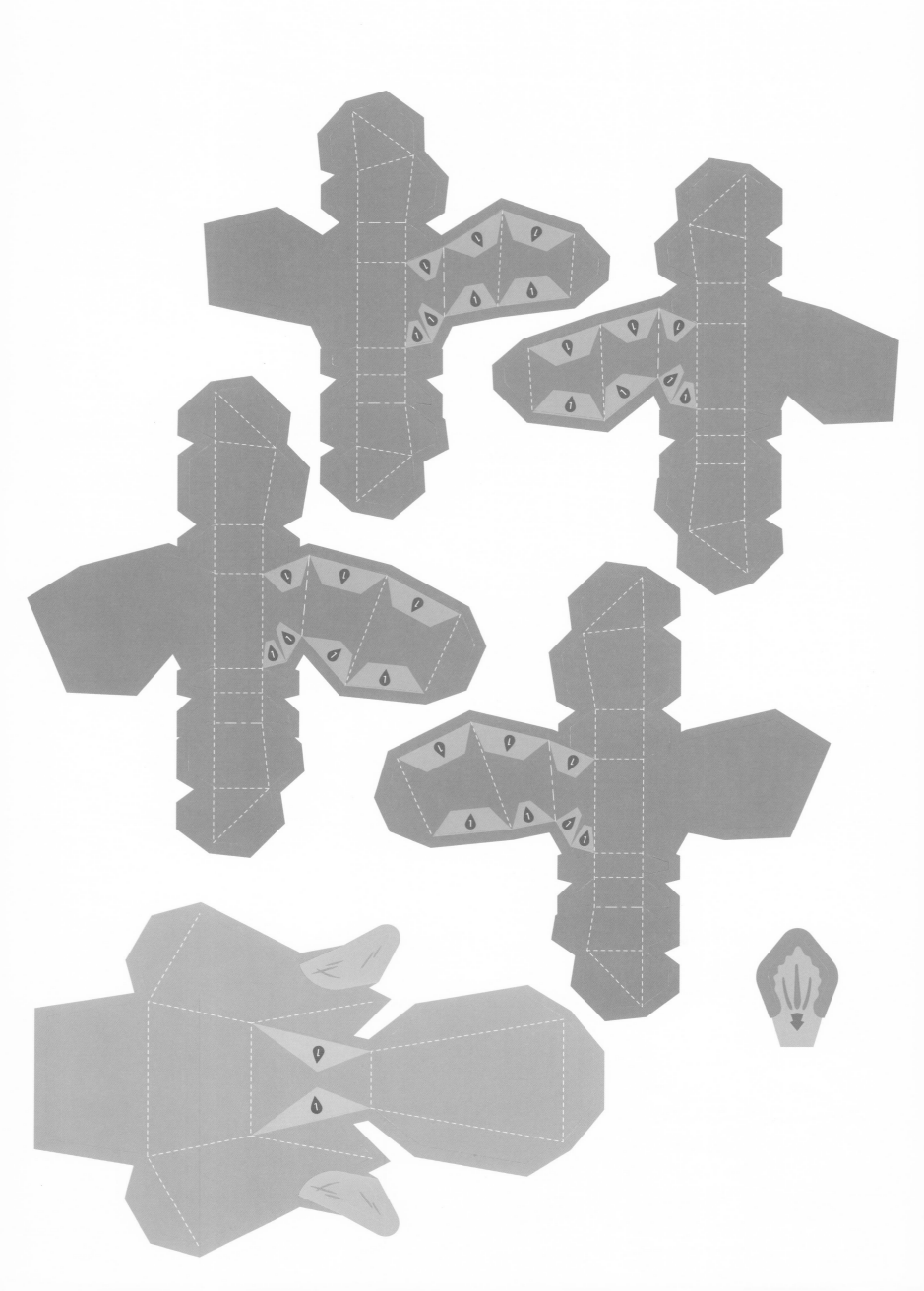

브라키오사우루스 Brachiosaurus

쥐라기 후기에 활동한, 앞다리가 긴 가장 크고 무거운 초식공룡 중 하나입니다.

용반목 / 초식공룡

[브라키오사우루스 분포 지역]

북아메리카

- **학명**   Brachiosaurus altithorax
- **몸길이**   26m
- **무게**   27t
- **키**   12~16m
- **활동시기**   쥐라기 후기

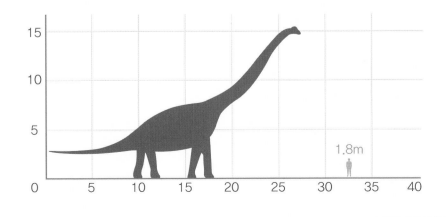

팔 도마뱀

브라키오사우루스는 앞다리가 뒷다리보다 길어 '팔 도마뱀'이라고 불립니다. 가장 큰 육지 동물 중 하나로 알려졌으며, 매우 무거운 몸을 가졌습니다.

온순했을 것으로 추정되며, 거대한 몸집을 유지하기 위해 많은 양의 나뭇잎을 먹습니다. 작은 턱과 갈퀴처럼 벌어진 가느다란 이빨은 나뭇잎을 모으고 훑기에 적합했습니다.

14개의 목뼈에 강한 힘줄과 근육이 있어 거대한 목을 지탱할 수 있었으며, 목뼈 사이에는 빈 공간이 있어 부드럽게 움직일 수 있습니다. 발은 코끼리처럼 커다란 형태로, 몸을 효과적으로 지탱했습니다.

브라키오사우루스 페이퍼토이 만들기 설명서

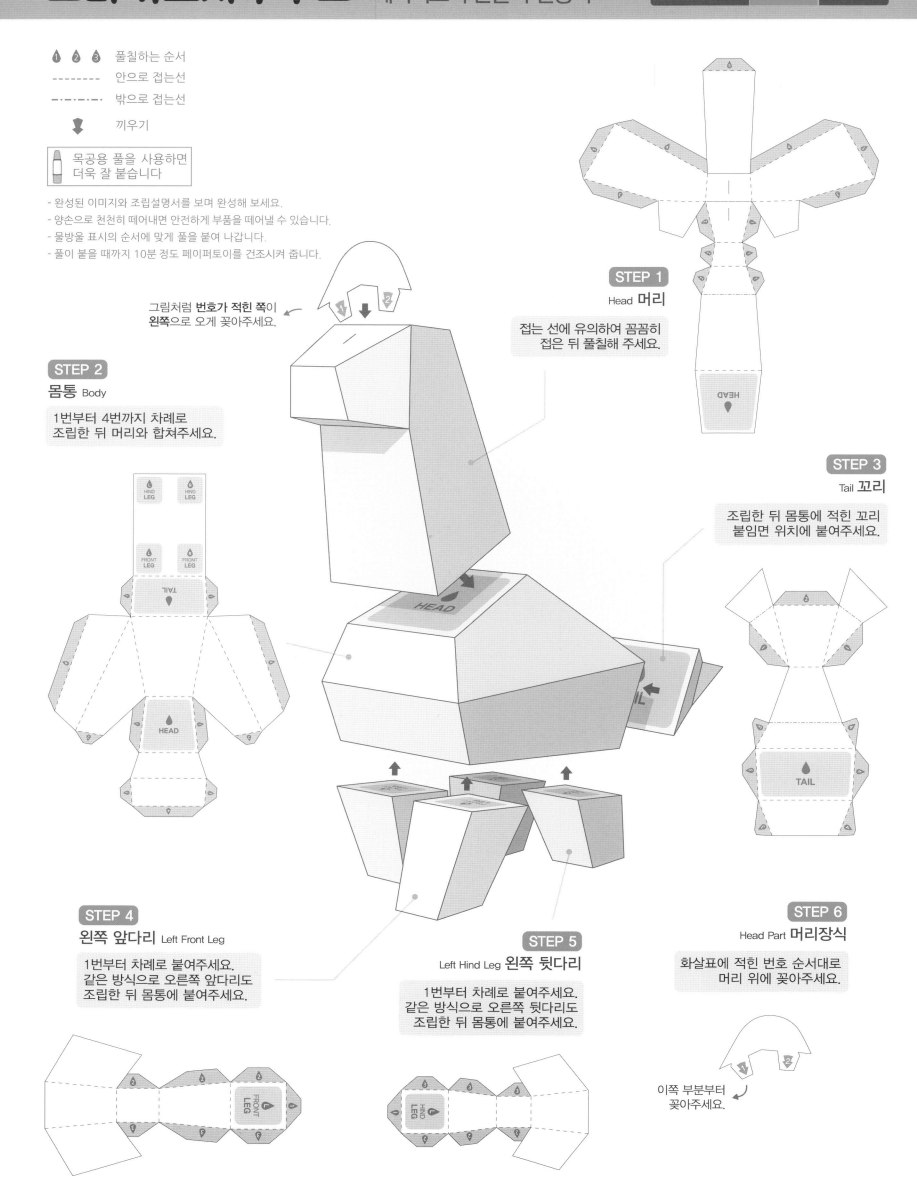

🜄❶ 🜄❷ 🜄❸　풀칠하는 순서
---------　안으로 접는선
-·-·-·-·-·　밖으로 접는선
⬇　끼우기

목공용 풀을 사용하면
더욱 잘 붙습니다

- 완성된 이미지와 조립설명서를 보며 완성해 보세요.
- 양손으로 천천히 떼어내면 안전하게 부품을 떼어낼 수 있습니다.
- 물방울 표시의 순서에 맞게 풀을 붙여 나갑니다.
- 풀이 붙을 때까지 10분 정도 페이퍼토이를 건조시켜 줍니다.

STEP 1
Head 머리

접는 선에 유의하여 꼼꼼히
접은 뒤 풀칠해 주세요.

HEAD

그림처럼 번호가 적힌 쪽이
왼쪽으로 오게 꽂아주세요.

STEP 2
몸통 Body

1번부터 4번까지 차례로
조립한 뒤 머리와 합쳐주세요.

HIND LEG　HIND LEG
FRONT LEG　FRONT LEG
TAIL
HEAD

STEP 3
Tail 꼬리

조립한 뒤 몸통에 적힌 꼬리
붙임면 위치에 붙여주세요.

HEAD

TAIL

STEP 4
왼쪽 앞다리 Left Front Leg

1번부터 차례로 붙여주세요.
같은 방식으로 오른쪽 앞다리도
조립한 뒤 몸통에 붙여주세요.

FRONT LEG

STEP 5
Left Hind Leg 왼쪽 뒷다리

1번부터 차례로 붙여주세요.
같은 방식으로 오른쪽 뒷다리도
조립한 뒤 몸통에 붙여주세요.

HIND LEG

STEP 6
Head Part 머리장식

화살표에 적힌 번호 순서대로
머리 위에 꽂아주세요.

이쪽 부분부터
꽂아주세요.

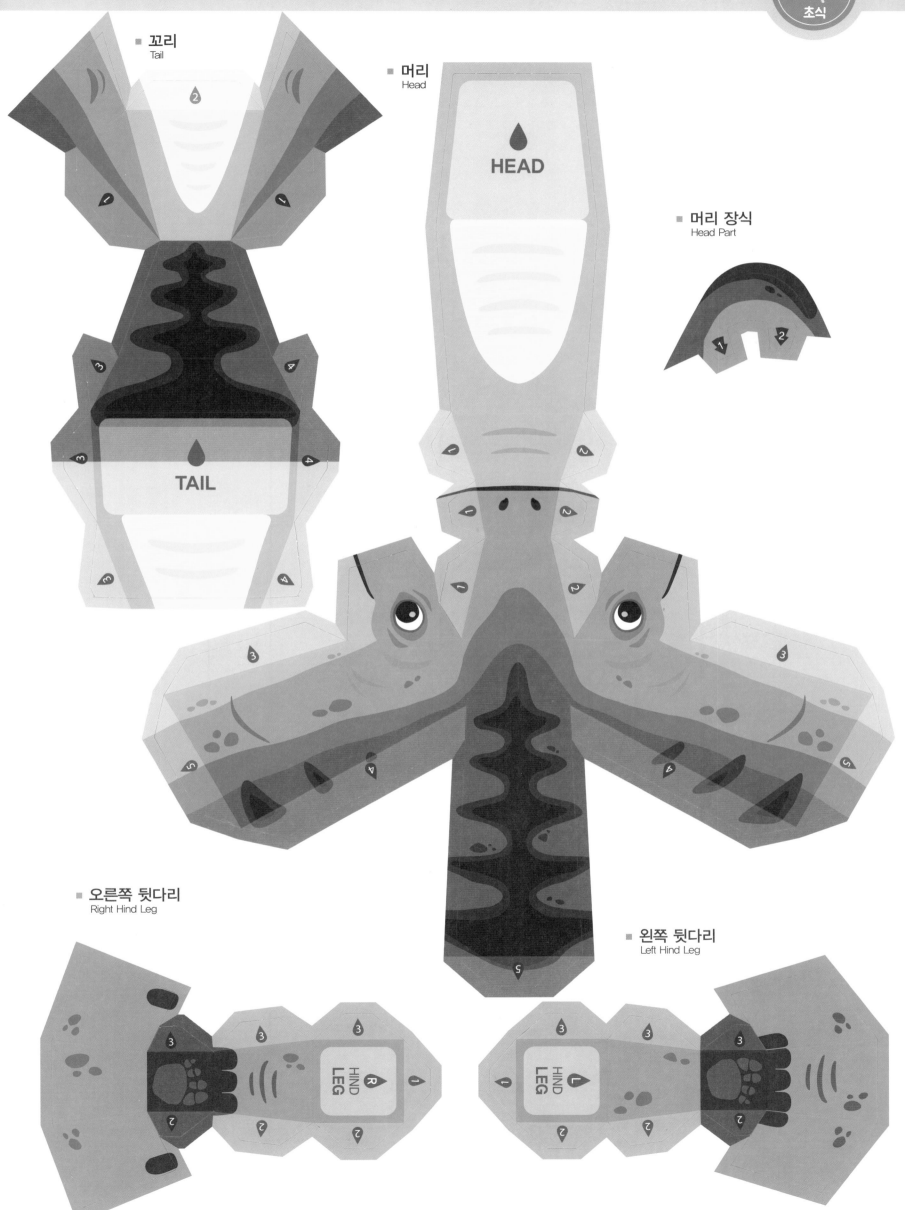

■ 꼬리
Tail

■ 머리
Head

■ 머리 장식
Head Part

HEAD

TAIL

■ 오른쪽 뒷다리
Right Hind Leg

■ 왼쪽 뒷다리
Left Hind Leg

HIND LEG R

HIND LEG L

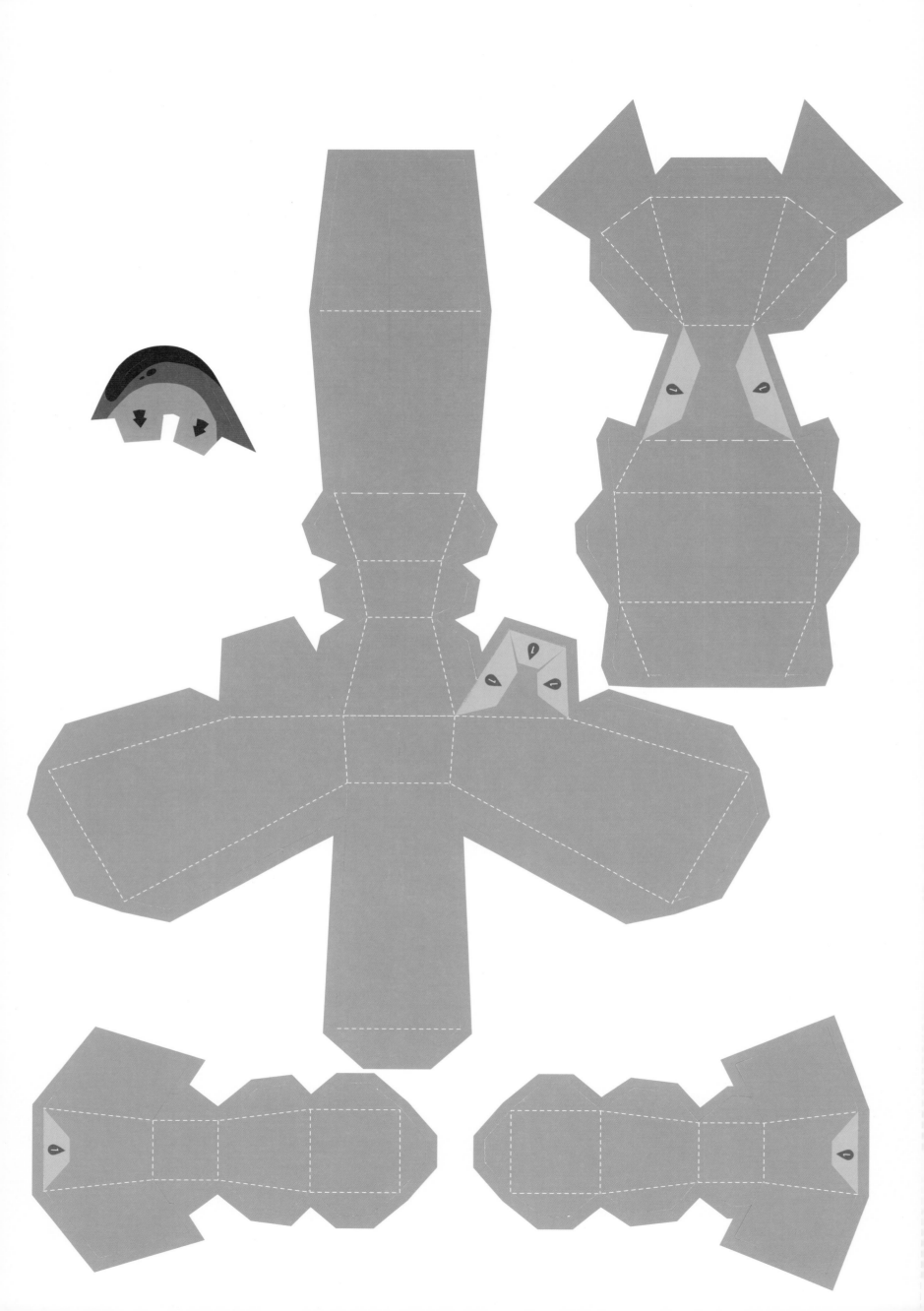

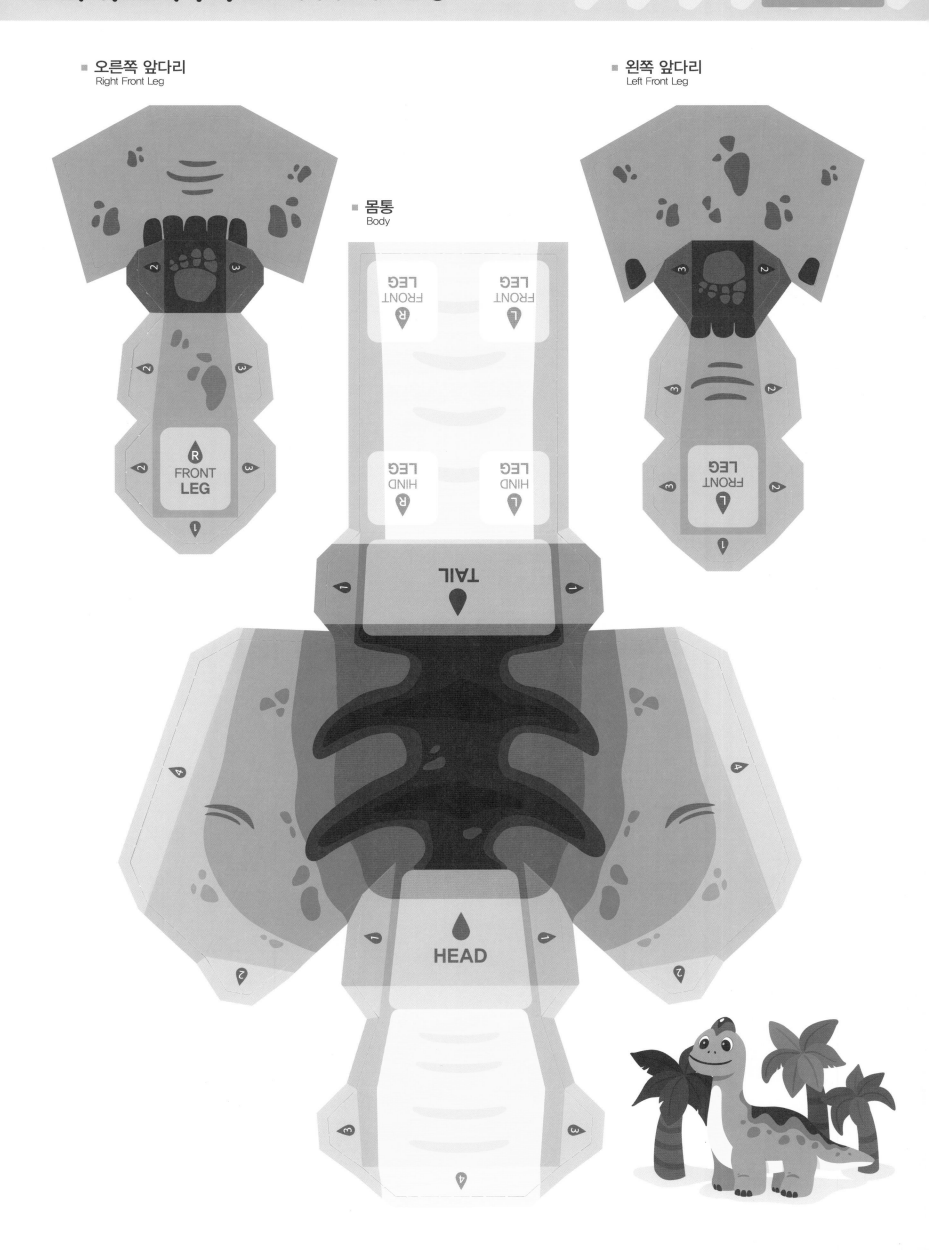

■ 오른쪽 앞다리
Right Front Leg

■ 왼쪽 앞다리
Left Front Leg

■ 몸통
Body

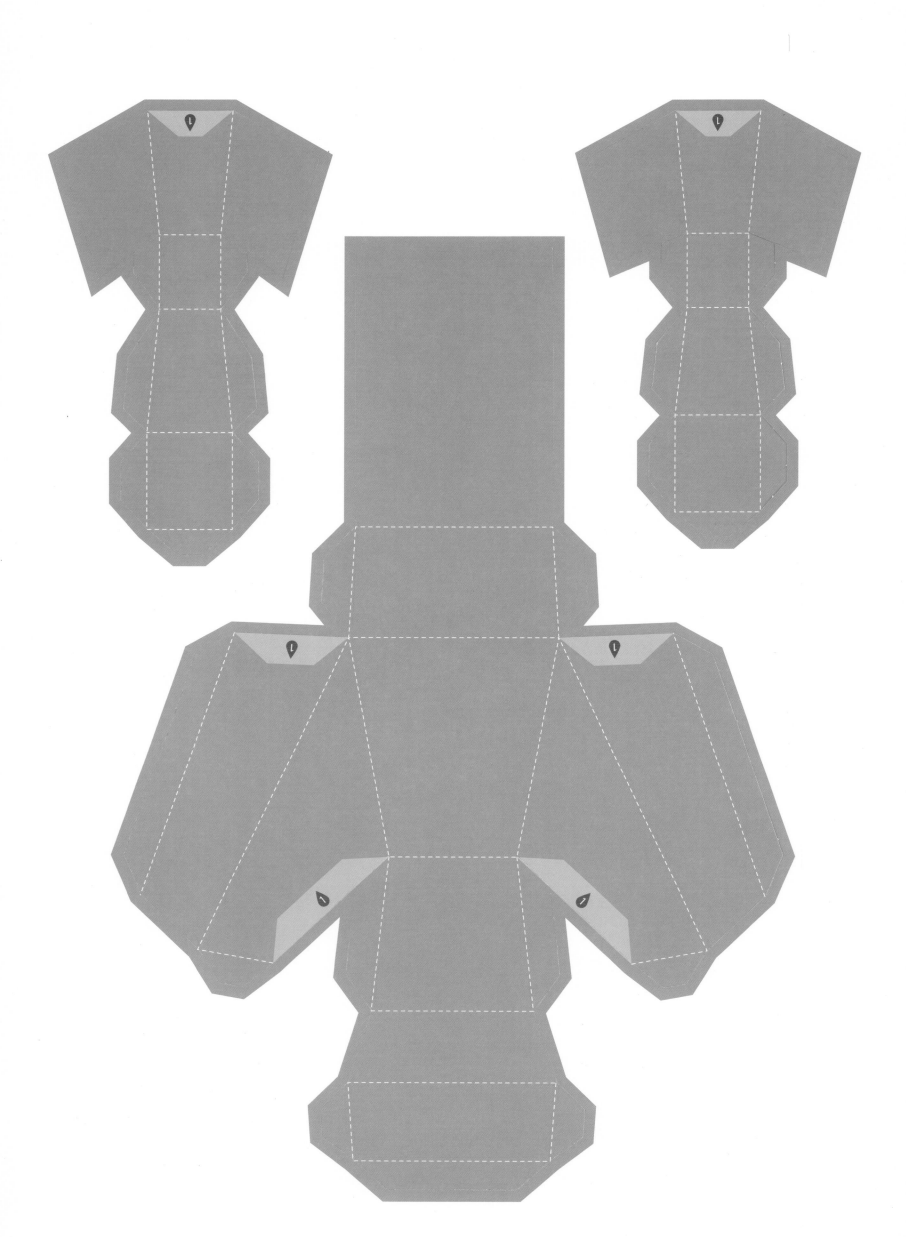

크로노사우루스 Kronosaurus

거대한 턱과 날카로운 이빨로 백악기 전기 바다를 지배했던 대표적인 수장룡입니다.

수장룡 / 육식

남아메리카

오스트레일리아

[크로노사우루스 분포 지역]

- **학명**　　Kronosaurus queenslandicus
- **몸길이**　　9~11m
- **무게**　　6~8t
- **키**　　1~2m
- **활동시기**　　백악기 전기

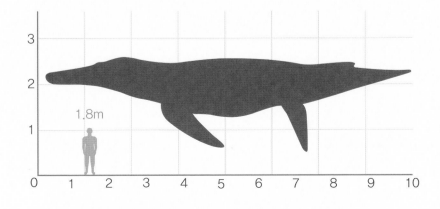

1.8m

거대한 도마뱀

크로노사우루스는 '거대한 도마뱀'이라는 뜻으로, 그리스 로마 신화의 농경의 신 크로노스에서 이름을 따왔습니다.

변형된 다리는 튼튼한 지느러미로 형성되어 있어 위아래로 힘차게 움직이며 매우 빠른 속도로 헤엄칠 수 있었습니다. 꼬리는 지느러미 형태가 아닌 공룡의 꼬리처럼 길고 단단한 형태를 띠고 있습니다.

일반적으로 수장룡의 목은 매우 길지만 크로노사우루스는 목이 짧습니다. 머리 길이가 몸의 4분의 1을 차지할 정도로 길며, 매우 큰 입과 약 20cm 길이의 날카로운 이빨을 가지고 있습니다. 강한 턱 덕분에 먹잇감을 한번 물면 놓치지 않았으며 주로 물고기나 작은 해양 동물을 사냥했을 것으로 추측됩니다.

💧➊ ➋ ➌ 풀칠하는 순서

------- 안으로 접는선

-·-·-·- 밖으로 접는선

🔻 끼우기

🖌 목공용 풀을 사용하면
더욱 잘 붙습니다

- 완성된 이미지와 조립설명서를 보며 완성해 보세요.
- 양손으로 천천히 떼어내면 안전하게 부품을 떼어낼 수 있습니다.
- 물방울 표시의 순서에 맞게 풀을 붙여 나갑니다.
- 풀이 붙을 때까지 10분 정도 페이퍼토이를 건조시켜 줍니다.

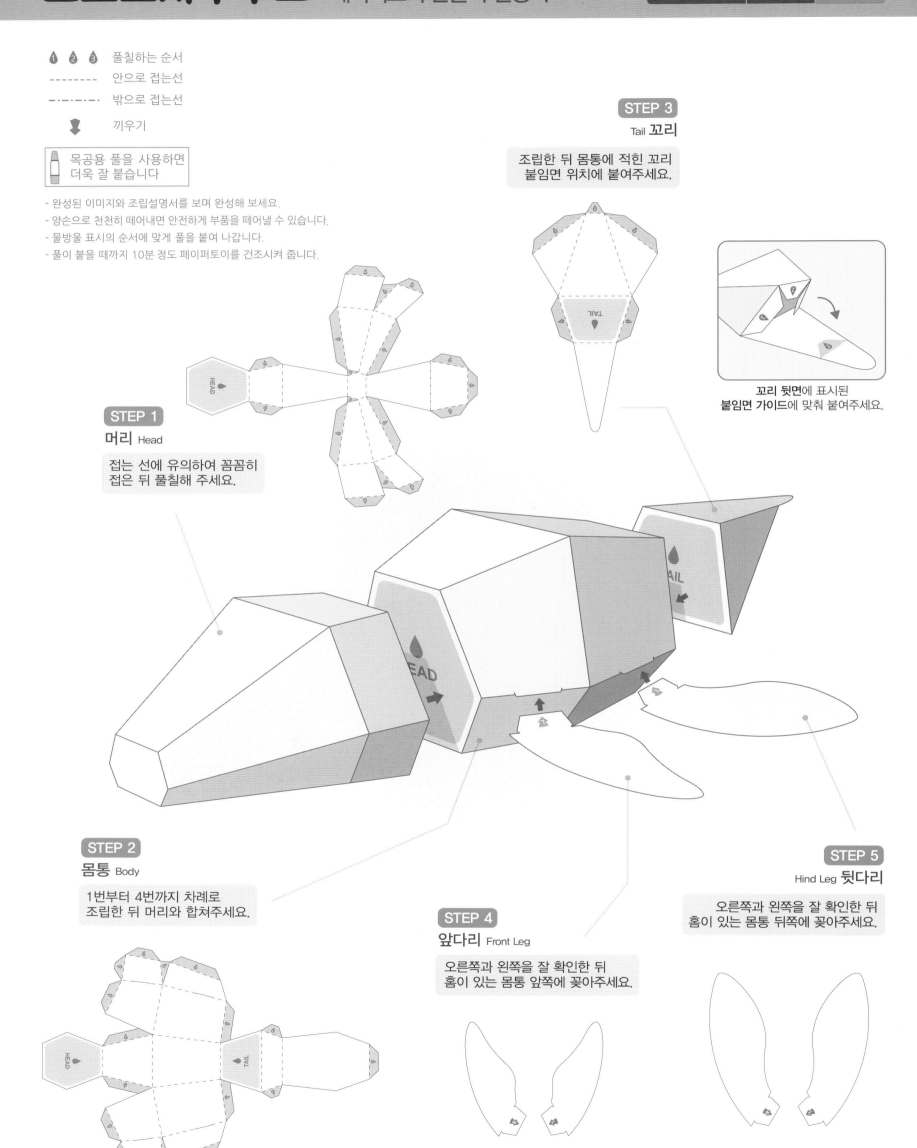

STEP 3

Tail 꼬리

조립한 뒤 몸통에 적힌 꼬리
붙임면 위치에 붙여주세요.

꼬리 뒷면에 표시된
붙임면 가이드에 맞춰 붙여주세요.

STEP 1

머리 Head

접는 선에 유의하여 꼼꼼히
접은 뒤 풀칠해 주세요.

STEP 2

몸통 Body

1번부터 4번까지 차례로
조립한 뒤 머리와 합쳐주세요.

STEP 4

앞다리 Front Leg

오른쪽과 왼쪽을 잘 확인한 뒤
홈이 있는 몸통 앞쪽에 꽂아주세요.

STEP 5

Hind Leg 뒷다리

오른쪽과 왼쪽을 잘 확인한 뒤
홈이 있는 몸통 뒤쪽에 꽂아주세요.

■ 오른쪽 앞다리
Right Front Leg

■ 꼬리
Tail

■ 머리
Head

■ 왼쪽 앞다리
Left Front Leg

육식

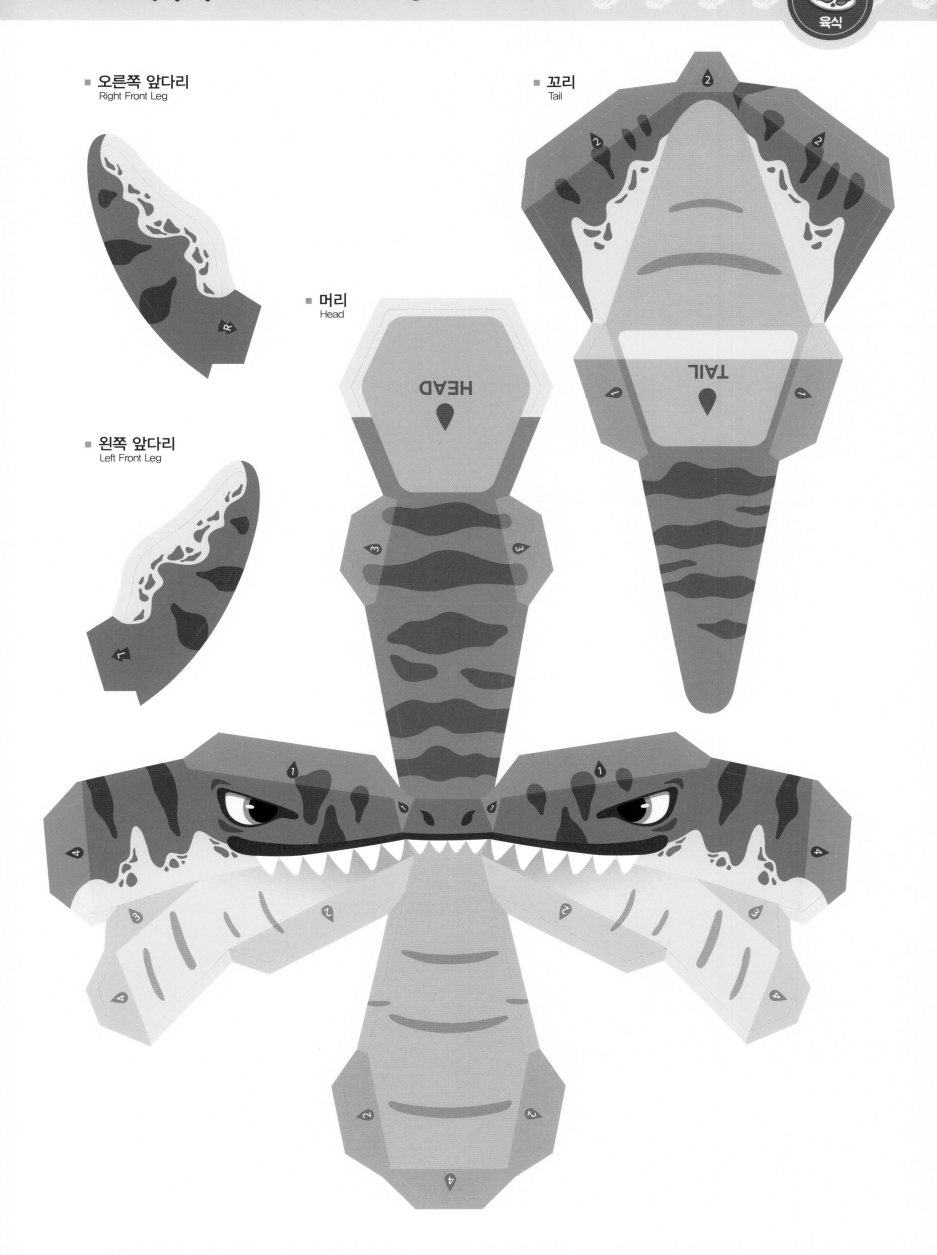

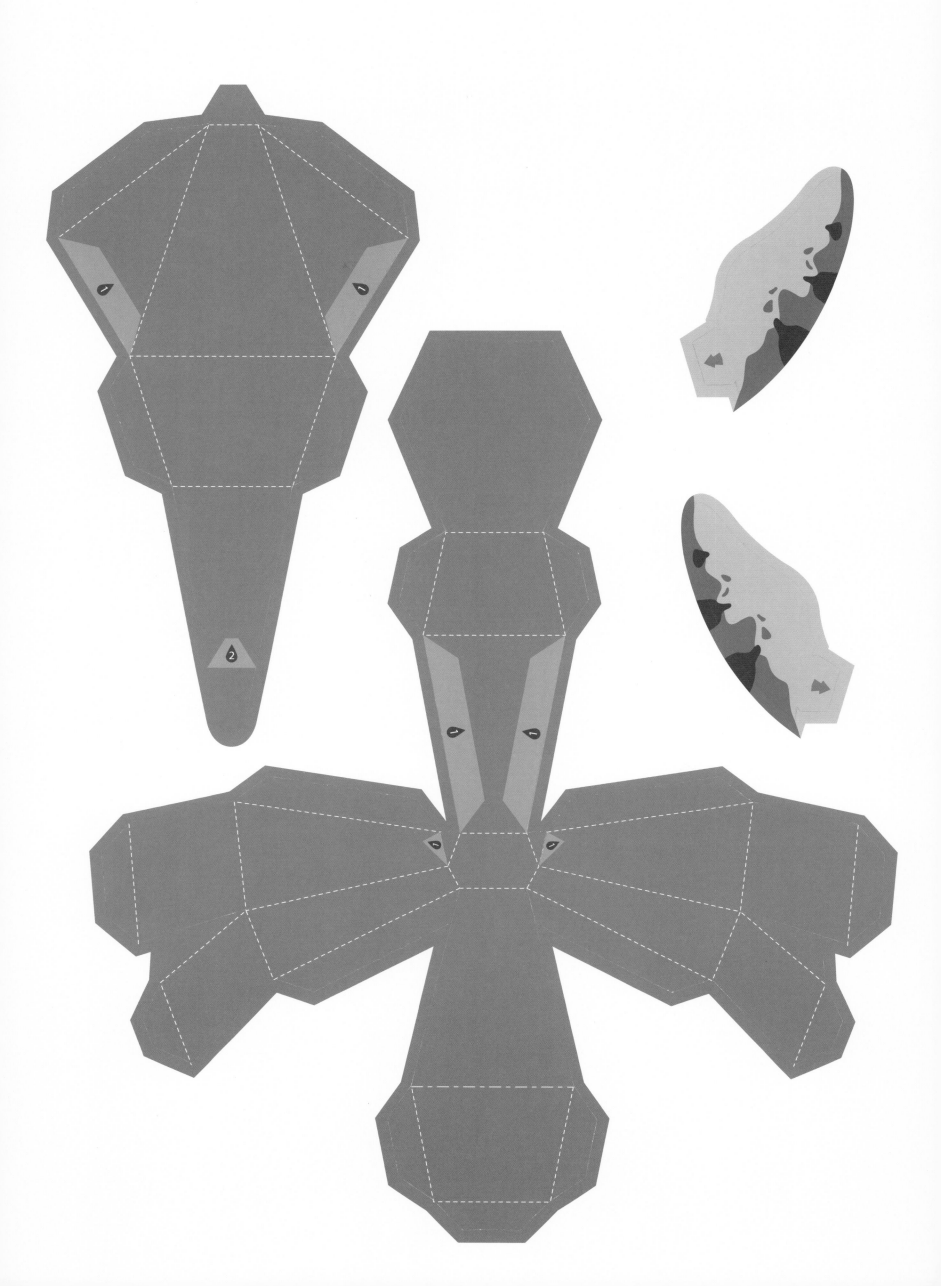

■ 오른쪽 뒷다리
Right Hind Leg

■ 몸통
Body

■ 왼쪽 뒷다리
Left Hind Leg

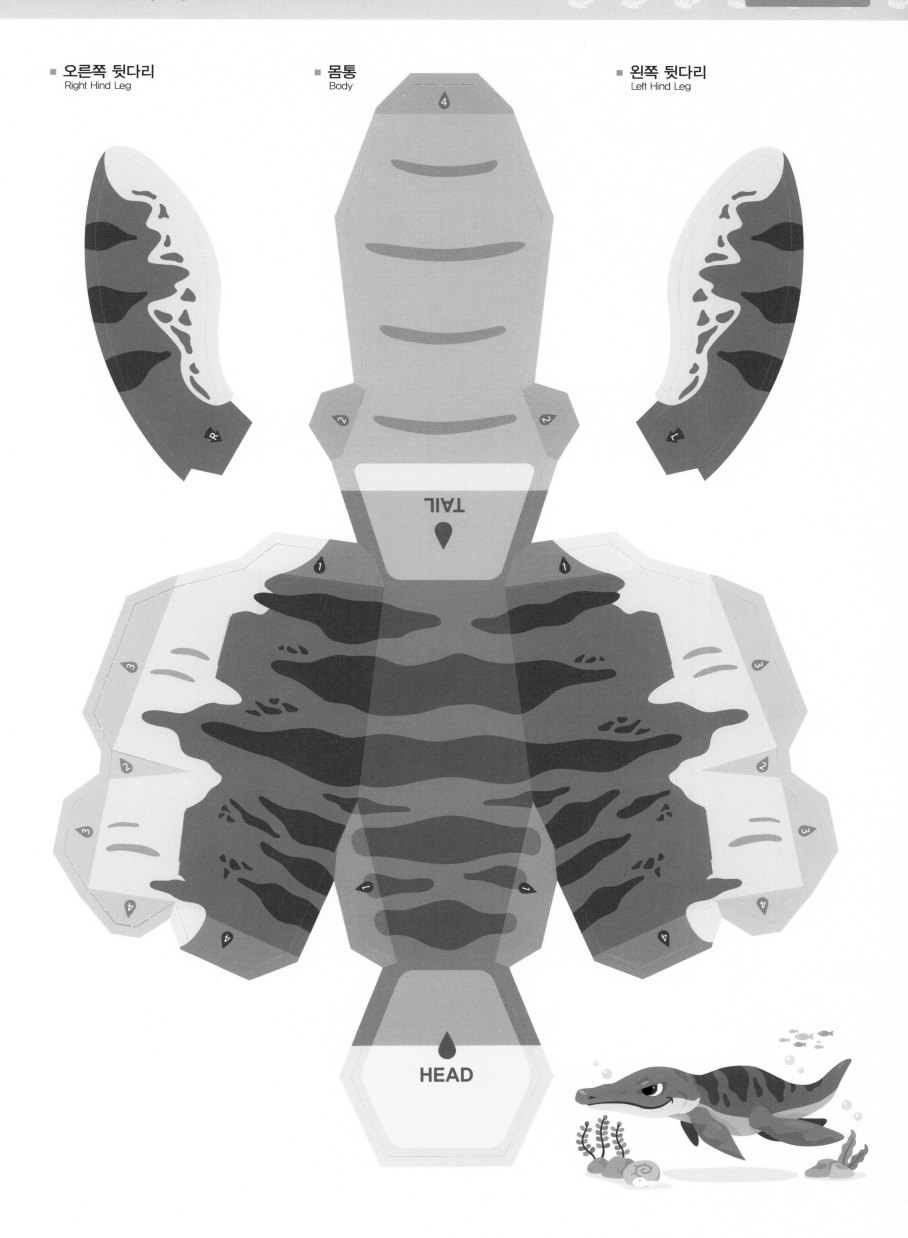

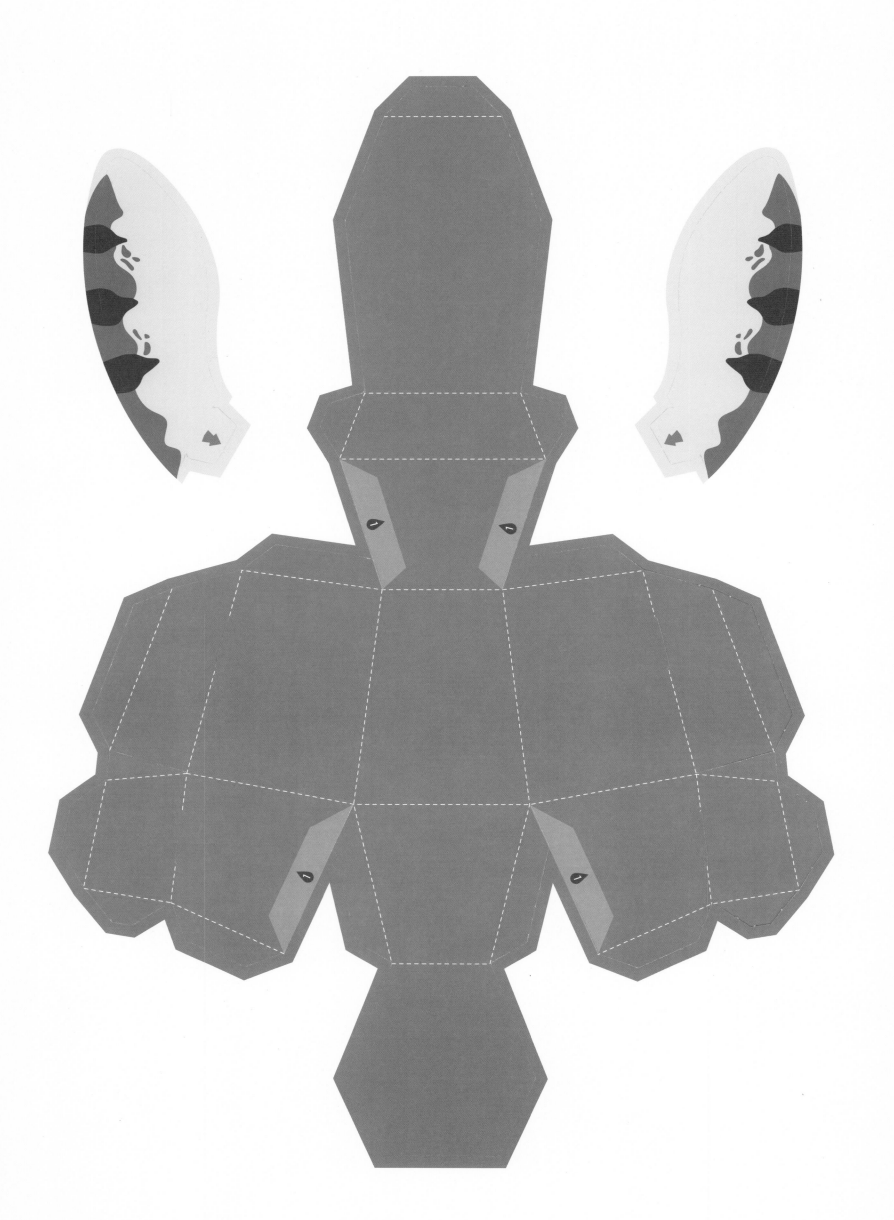

스피노사우루스 Spinosaurus

백악기 중기에 활동한 독특한 부채모양의 돛을 지닌 거대한 육식공룡입니다.

용반목 / 육식공룡

북아프리카

[스피노사우루스 분포 지역]

- **학명**   Spinosaurus aegypticus
- **몸길이**   10~15m
- **무게**   7~20t
- **키**   3~5m
- **활동시기**   백악기 중기

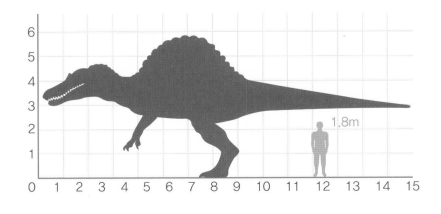

1.8m

가시 도마뱀

스피노사우루스는 등 위가 부채 모양의 가시로 되어 있어 '가시 도마뱀' 이라고 불립니다.

등에 솟아 있는 가시 같은 돛은 1.8m 높이로 길게 자란 가시로 이루어졌고, 그 위로 피부가 넓게 덮여 있습니다. 척추가 구부러져 활 모양을 띠고 있을 때 부채가 펼쳐진 것처럼 늘어납니다. 등 지느러미는 체온 조절이나 짝을 유혹할 때 과시용으로 사용했을 것으로 알려져 있습니다.

몸매가 날렵하고 튼튼한 뒷다리를 가지고 있어 사냥할 때 매우 빠르게 움직였던 것으로 추측됩니다. 머리는 악어처럼 길고 가느다란 턱을 가지며, 칼 같은 곧은 이빨이 있습니다. 이빨의 형태로 보아 물가나 늪지대에 살면서 물고기를 잡아먹었을 것으로 추측됩니다.

스피노사우루스 페이퍼토이 만들기 설명서

 ① ② ③ 풀칠하는 순서

--------- 안으로 접는선

－·－·－·－ 밖으로 접는선

 끼우기

목공용 풀을 사용하면
더욱 잘 붙습니다

- 완성된 이미지와 조립설명서를 보며 완성해 보세요.
- 양손으로 천천히 떼어내면 안전하게 부품을 떼어낼 수 있습니다.
- 물방울 표시의 순서에 맞게 풀을 붙여 나갑니다.
- 풀이 붙을 때까지 10분 정도 페이퍼토이를 건조시켜 줍니다.

붉은색으로 표시된 붙임면은
다른 붙임면과 달리 빈틈없이 정확하게
붙일 수 있도록 설계되었습니다.

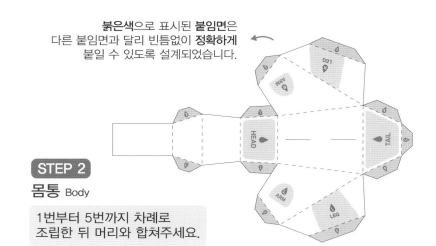

STEP 2
몸통 Body

1번부터 5번까지 차례로
조립한 뒤 머리와 합쳐주세요.

그림처럼 번호가 적힌 쪽이
왼쪽으로 오게 꽂아주세요.

STEP 3
Tail 꼬리

조립한 뒤 몸통에 적힌 꼬리
붙임면 위치에 붙여주세요.

STEP 1
머리 Head

접는 선에 유의하여 꼼꼼히
접은 뒤 풀칠해 주세요.

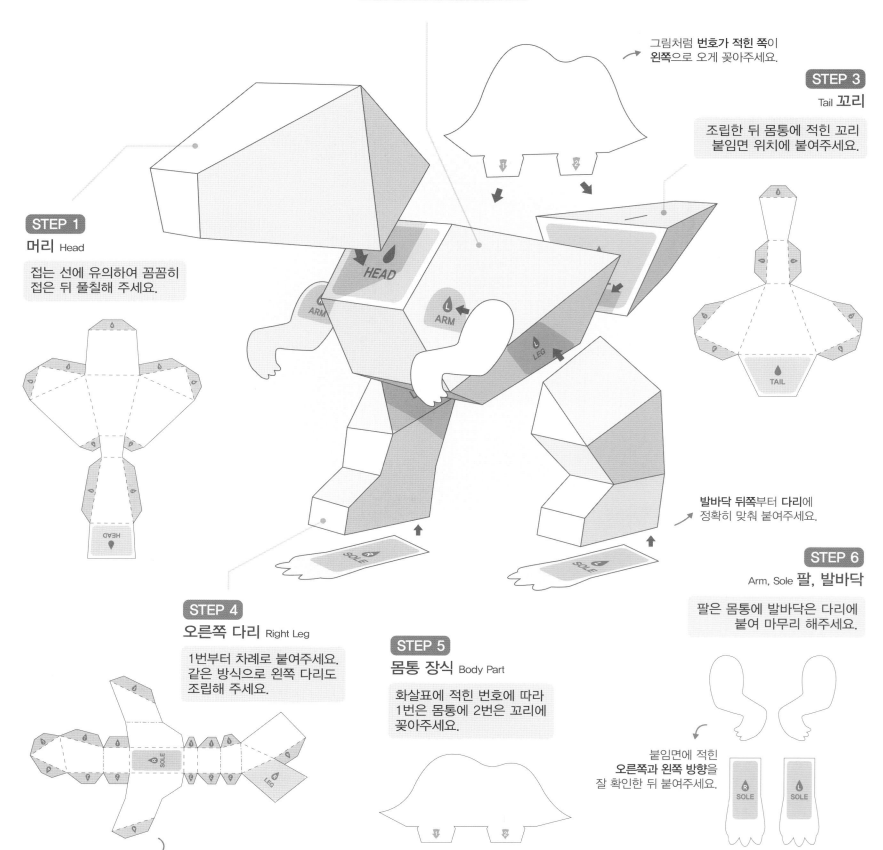

발바닥 뒤쪽부터 다리에
정확히 맞춰 붙여주세요.

STEP 6
Arm, Sole 팔, 발바닥

팔은 몸통에 발바닥은 다리에
붙여 마무리 해주세요.

붙임면에 적힌
오른쪽과 왼쪽 방향을
잘 확인한 뒤 붙여주세요.

STEP 4
오른쪽 다리 Right Leg

1번부터 차례로 붙여주세요.
같은 방식으로 왼쪽 다리도
조립해 주세요.

STEP 5
몸통 장식 Body Part

화살표에 적힌 번호에 따라
1번은 몸통에 2번은 꼬리에
꽂아주세요.

 다리를 몸통에 붙일 때
몸통에 적힌 다리 붙임면 가이드에 맞춰 빈틈없이 붙여야 안정적으로 서 있을 수 있습니다.

육식

■ 머리
Head

■ 몸통 장식
Body Part

■ 몸통
Body

■ 오른쪽 팔
Right Arm

■ 왼쪽 팔
Left Arm

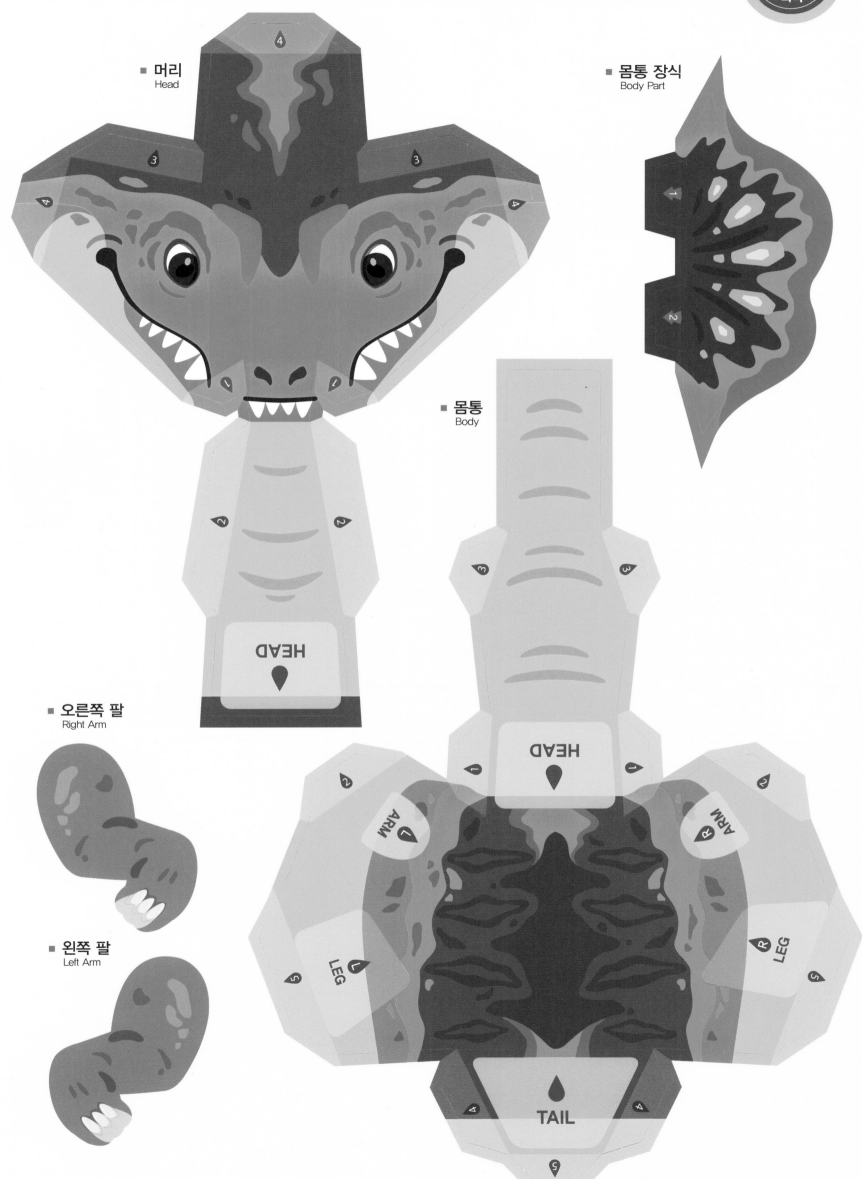

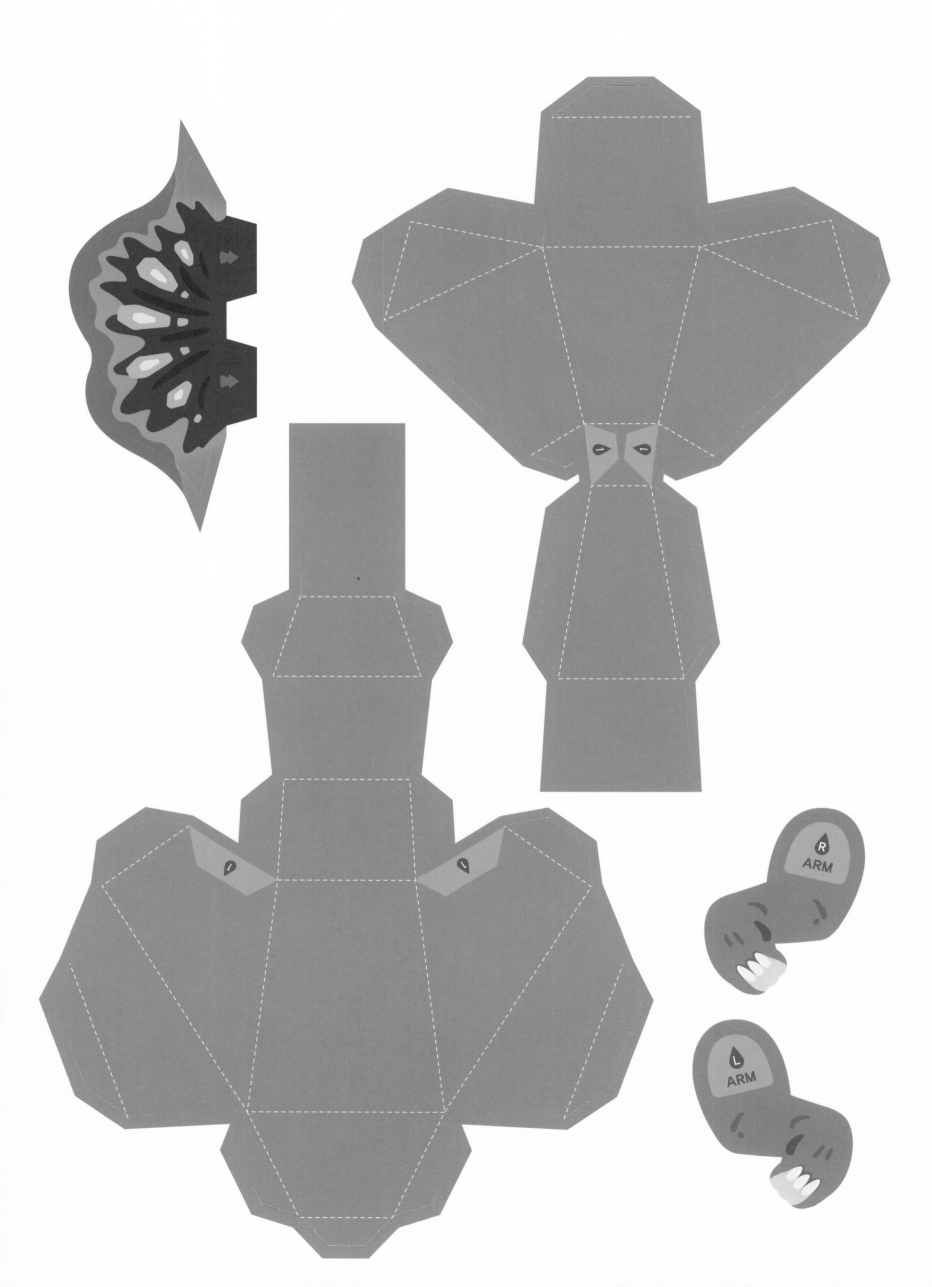

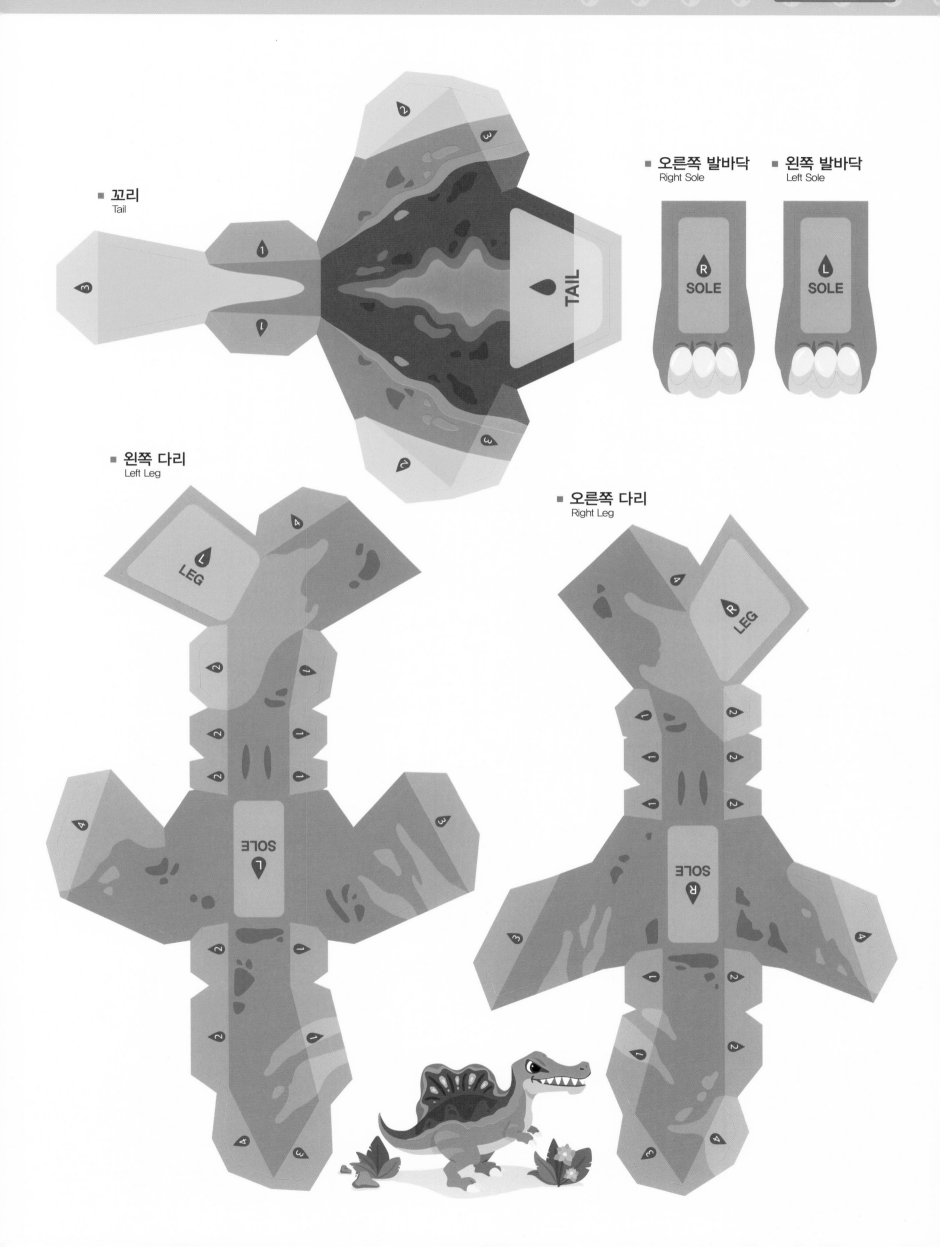

- 꼬리
  Tail

- 오른쪽 발바닥
  Right Sole

- 왼쪽 발바닥
  Left Sole

- 왼쪽 다리
  Left Leg

- 오른쪽 다리
  Right Leg

TAIL

R SOLE

L SOLE

L LEG

R LEG

L SOLE

R SOLE

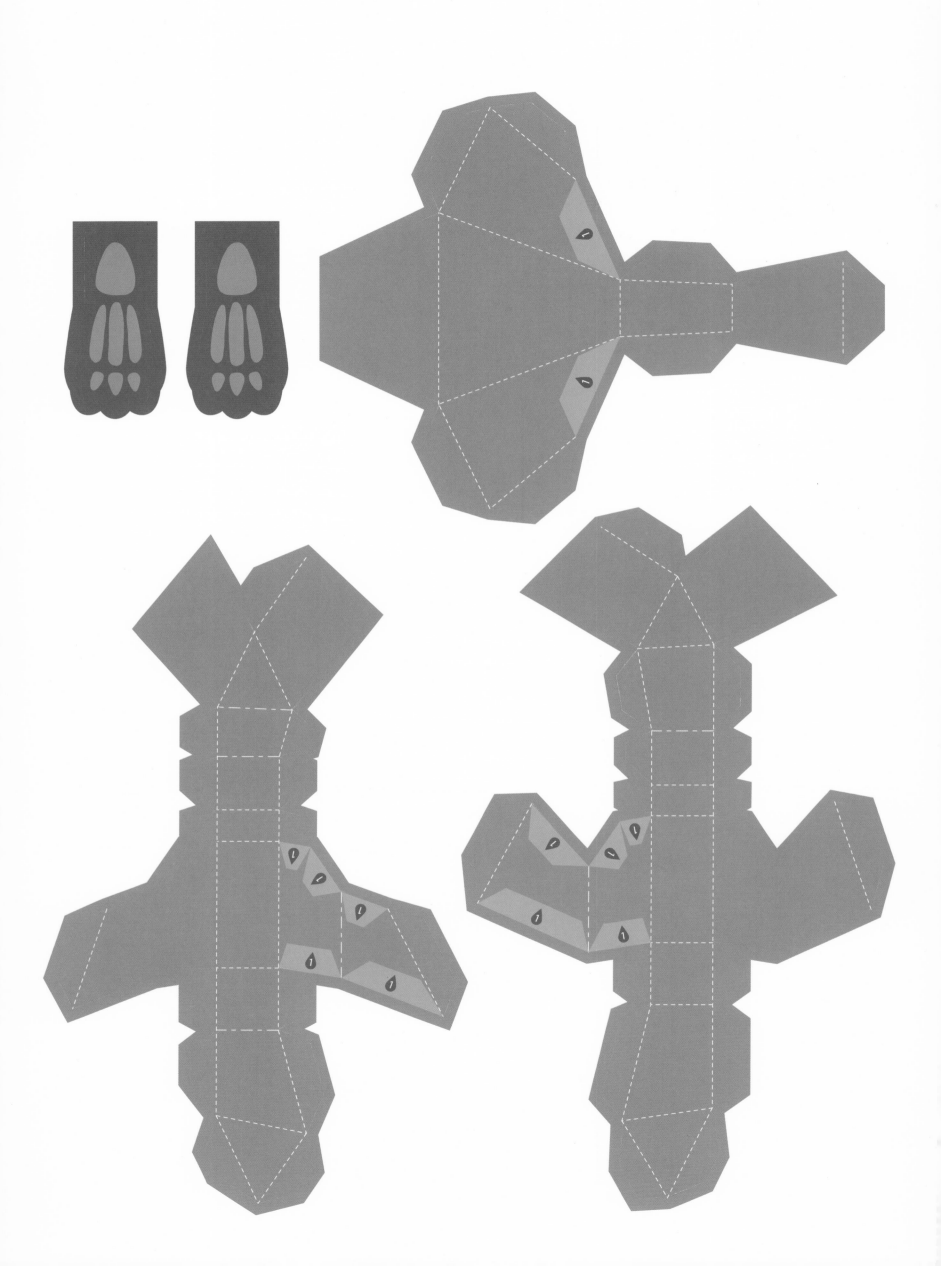

트리케라톱스 Triceratops

백악기 후기에 활동한 머리에 세 개의 강력한 뿔이 특징인 초식공룡입니다.

조반목 / 초식공룡

[트리케라톱스 분포 지역]

북아메리카

- **학명**　　　Triceratops horridus
- **몸길이**　　　8~9m
- **무게**　　　6~12t
- **키**　　　3m
- **활동시기**　　　백악기 후기

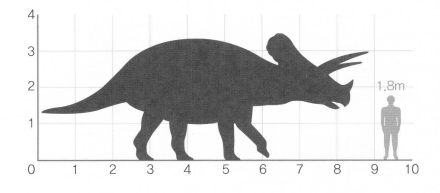

세 개의 뿔이 달린 얼굴

트리케라톱스는 단단한 뼈로 이루어진 넓은 프릴과 함께 머리에 크고 작은 세 개의 뿔이 있어 '세 개의 뿔이 달린 얼굴' 이라고 불립니다.

약 3미터 길이의 머리에는 코 위에 짧은 뿔이 하나 있으며, 이마에는 길이가 1미터가 넘는 큰 뿔이 두 개 있습니다. 이 뿔은 육식공룡의 공격을 막는 데 주로 사용하였고, 수컷이 암컷을 차지하기 위한 힘자랑에 사용됐습니다.

트리케라톱스는 가장 흔하게 볼 수 있는 공룡 중 하나로, 무리 지어 살며 나뭇잎과 열매 등을 먹었습니다. 입은 앵무새 부리처럼 생겼고, 잘 발달된 턱과 함께 가위처럼 생긴 날카로운 이빨이 있어 질긴 식물도 쉽게 잘라 먹었습니다. 번식력이 뛰어나 가장 마지막에 멸종한 공룡 중 하나로 알려져 있습니다.

트리케라톱스 페이퍼토이 만들기 설명서

  풀칠하는 순서

- - - - - - - 안으로 접는선

- · - · - · - · 밖으로 접는선

▼ 끼우기

목공용 풀을 사용하면
더욱 잘 붙습니다

- 완성된 이미지와 조립설명서를 보며 완성해 보세요.
- 양손으로 천천히 떼어내면 안전하게 부품을 떼어낼 수 있습니다.
- 물방울 표시의 순서에 맞게 풀을 붙여 나갑니다.
- 풀이 붙을 때까지 10분 정도 페이퍼토이를 건조시켜 줍니다.

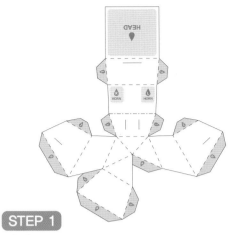

STEP 1
머리 Head

접는 선에 유의하여 꼼꼼히
접은 뒤 풀칠해 주세요.

붉은색으로 표시된 붙임면은
다른 붙임면과 달리 빈틈없이 정확하게
붙일 수 있도록 설계되었습니다.

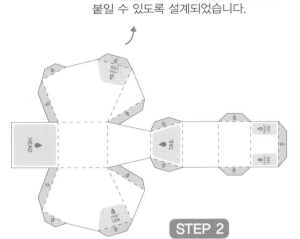

STEP 2
Body 몸통

1번부터 6번까지 차례로
조립한 뒤 머리와 합쳐주세요.

2번은 오른쪽에, 3번은 왼쪽에
순서대로 머리에 꽂아주세요. ←

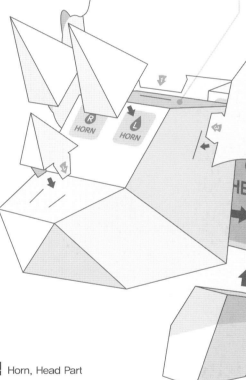

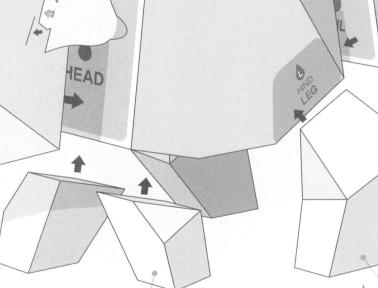

STEP 3
Tail 꼬리

조립한 뒤 몸통에 적힌 꼬리
붙임면 위치에 붙여주세요.

STEP 6
뿔, 머리장식 Horn, Head Part

완성된 머리에 조립된 양쪽 뿔을
붙여준 뒤 코뿔과 머리장식을 꽂아
마무리 해주세요.

뒷다리는 **붙임면 가이드**에
맞춰 빈틈없이 붙여주세요. ↗

STEP 5
Left Hind Leg 왼쪽 뒷다리

1번부터 차례로 붙여주세요.
같은 방식으로 오른쪽 뒷다리도
조립한 뒤 몸통에 붙여주세요.

STEP 4
왼쪽 앞다리 Left Front Leg

1번부터 차례로 붙여주세요.
같은 방식으로 오른쪽 앞다리도
조립한 뒤 몸통에 붙여주세요.

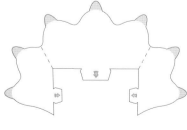

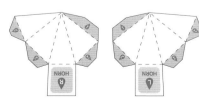

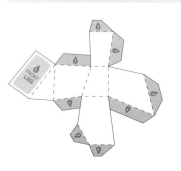

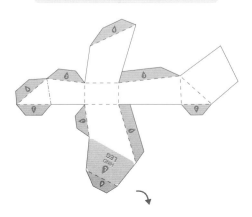

다리를 몸통에 붙일 때
몸통에 적힌 **다리 붙임면 가이드**에 맞춰 빈틈없이 붙여야 안정적으로 서 있을 수 있습니다. ⚠

초식

■ 머리
Head

■ 코뿔
Nose Horn

■ 꼬리
Tail

■ 오른쪽 뒷다리
Right Hind Leg

■ 왼쪽 뒷다리
Left Hind Leg

■ 머리 장식
Head Part

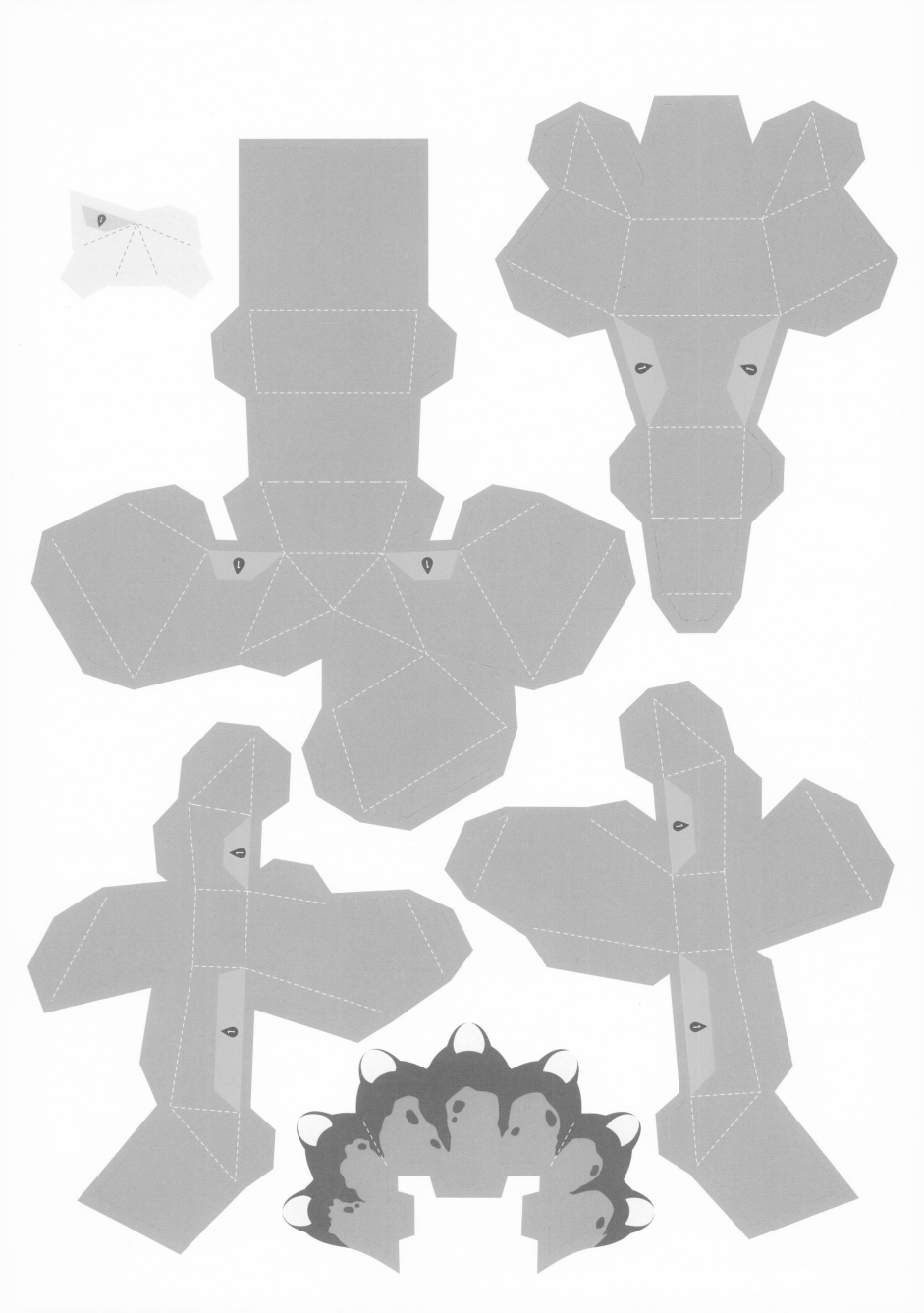

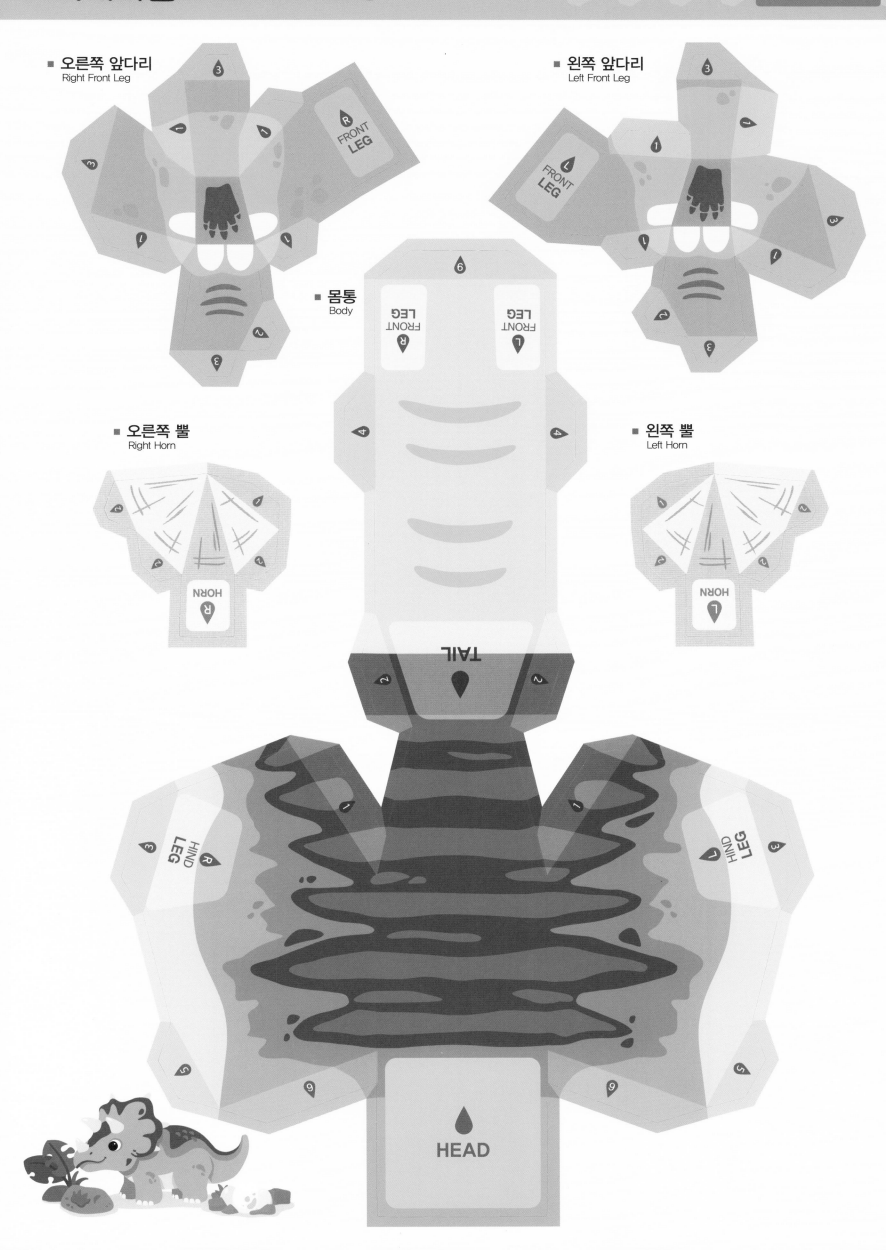

■ 오른쪽 앞다리
Right Front Leg

■ 왼쪽 앞다리
Left Front Leg

■ 몸통
Body

■ 오른쪽 뿔
Right Horn

■ 왼쪽 뿔
Left Horn

FRONT LEG

HIND LEG

HORN

TAIL

HEAD

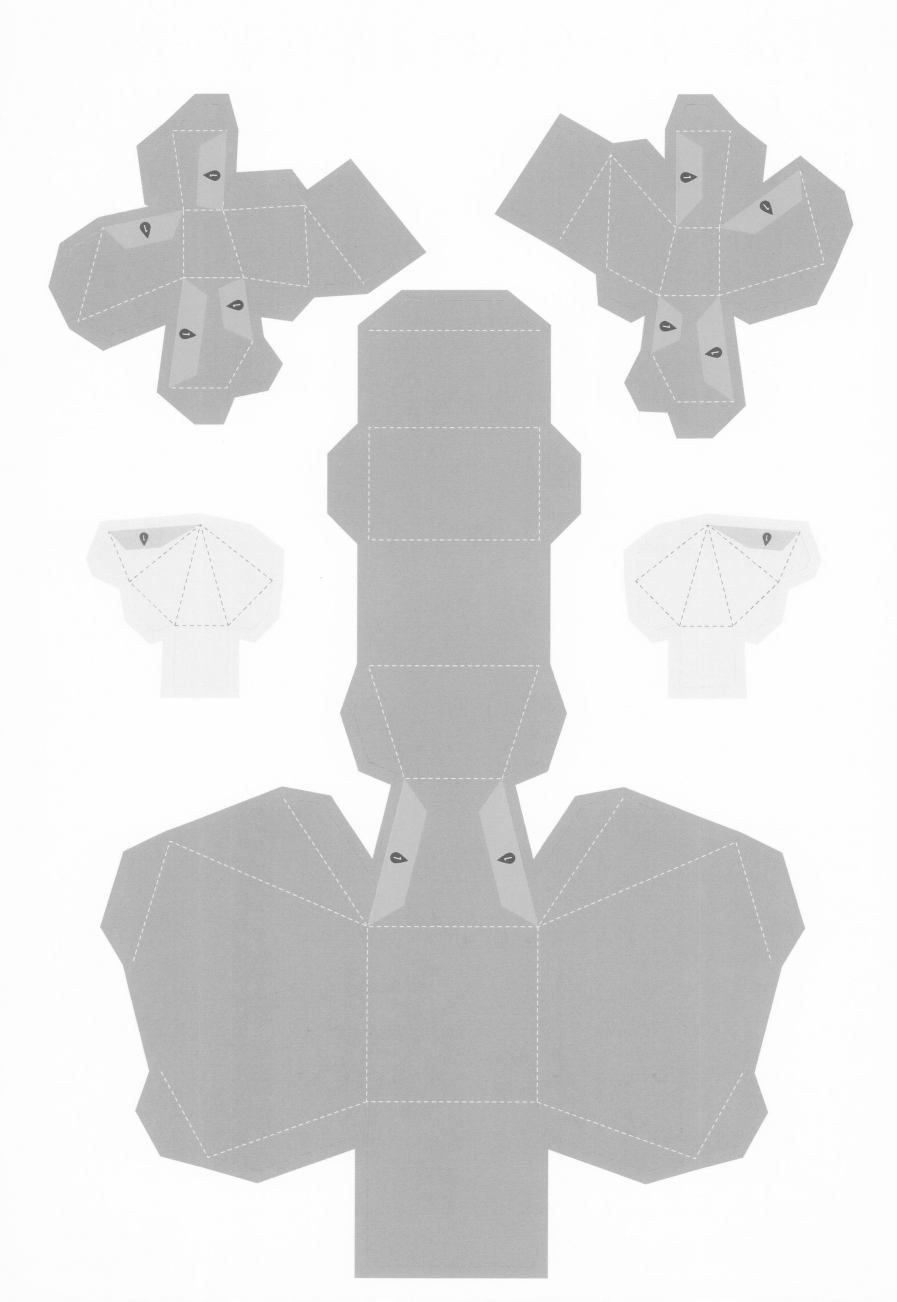

안킬로사우루스 Ankylosaurus

백악기 후기에 활동한 머리에서 꼬리까지 딱딱한 골판을 가진 초식공룡입니다.

북아메리카

[안킬로사우루스 분포 지역]

· **학명**   Ankylosaurus magniventris

· **몸길이**   6~8m

· **무게**   4~8t

· **키**   1.5m

· **활동시기**   백악기 후기

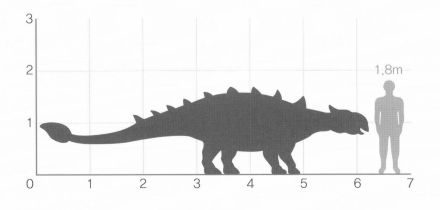

융합된 도마뱀

안킬로사우루스는 피부에 둘러싸인 뼈 돌기가 자라 서로 들러붙으면서 융합된 꼬리로 인해 '융합된 도마뱀'이라는 뜻을 가지고 있습니다.

머리, 등, 꼬리는 융합된 갑옷판과 피부 가죽에 박힌 가시로 덮여 있으며 꼬리의 끝은 곤봉 모양을 하고 있어서 꼬리 끝을 방어 무기로 사용했습니다. 육식공룡이 덤비면 몸을 웅크리거나 땅에 납작하게 엎드려서 피하다가 계속 공격해 오면 꼬리 끝에 달린 단단한 뼈로 된 곤봉을 휘둘러 방어 했습니다. 갑옷은 몸에만 있는 것이 아니라 얼굴에도 촘촘 하게 감싸져 있습니다.

네 개의 튼튼한 다리로 천천히 걸어 다니며 키 작은 식물을 뜯어 먹었습니다. 부리처럼 생긴 입은 이빨이 거의 없고 매우 작으며 검은색입니다.

💧① 💧② 💧③ 풀칠하는 순서

------------- 안으로 접는선

—·—·—·— 밖으로 접는선

🔻 끼우기

목공용 풀을 사용하면 더욱 잘 붙습니다

- 완성된 이미지와 조립설명서를 보며 완성해 보세요.
- 양손으로 천천히 떼어내면 안전하게 부품을 떼어낼 수 있습니다.
- 물방울 표시의 순서에 맞게 풀을 붙여 나갑니다.
- 풀이 붙을 때까지 10분 정도 페이퍼토이를 건조시켜 줍니다.

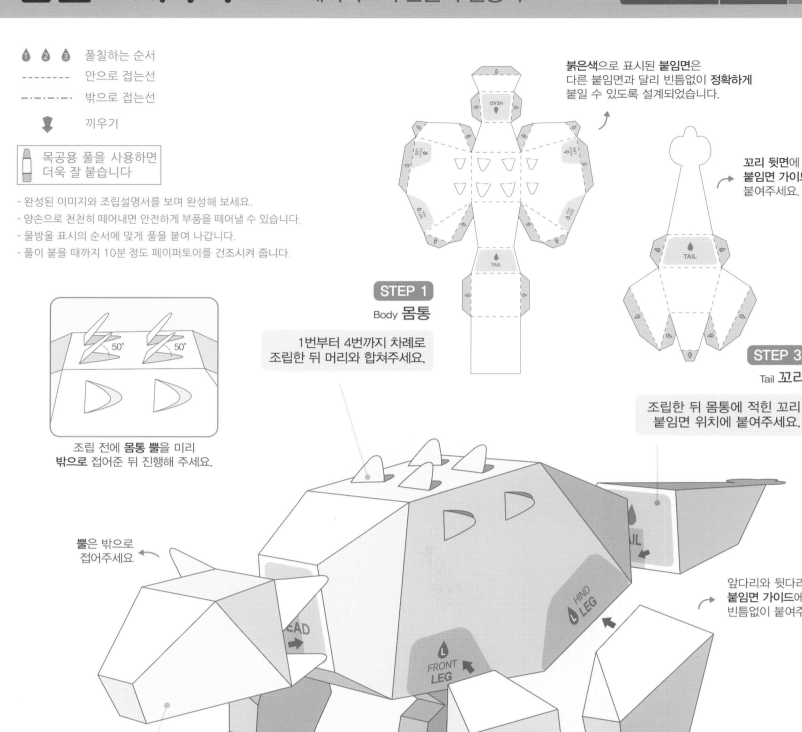

붉은색으로 표시된 붙임면은 다른 붙임면과 달리 빈틈없이 정확하게 붙일 수 있도록 설계되었습니다.

꼬리 뒷면에 표시된 붙임면 가이드에 맞춰 붙여주세요.

STEP 1
Body 몸통

1번부터 4번까지 차례로 조립한 뒤 머리와 합쳐주세요.

STEP 3
Tail 꼬리

조립한 뒤 몸통에 적힌 꼬리 붙임면 위치에 붙여주세요.

조립 전에 **몸통 뿔**을 미리 **밖으로** 접어준 뒤 진행해 주세요.

뿔은 밖으로 접어주세요

앞다리와 뒷다리는 **붙임면 가이드**에 맞춰 빈틈없이 붙여주세요.

STEP 2
머리 Head

접는 선에 유의하여 꼼꼼히 접은 뒤 풀칠해 주세요.

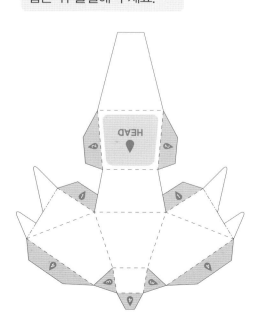

STEP 4
왼쪽 앞다리 Left Front Leg

1번부터 차례로 붙여주세요. 같은 방식으로 오른쪽 앞다리도 조립한 뒤 몸통에 붙여주세요.

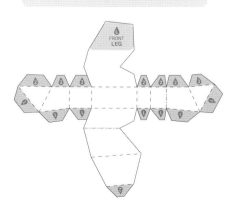

STEP 5
Left Hind Leg 왼쪽 뒷다리

1번부터 차례로 붙여주세요. 같은 방식으로 오른쪽 뒷다리도 조립한 뒤 몸통에 붙여주세요.

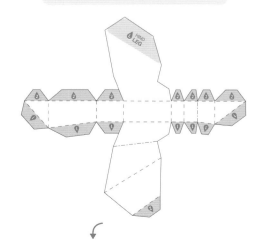

다리를 몸통에 붙일 때 몸통에 적힌 **다리 붙임면 가이드**에 맞춰 빈틈없이 붙여야 안정적으로 서 있을 수 있습니다.

초식

■ 몸통
Body

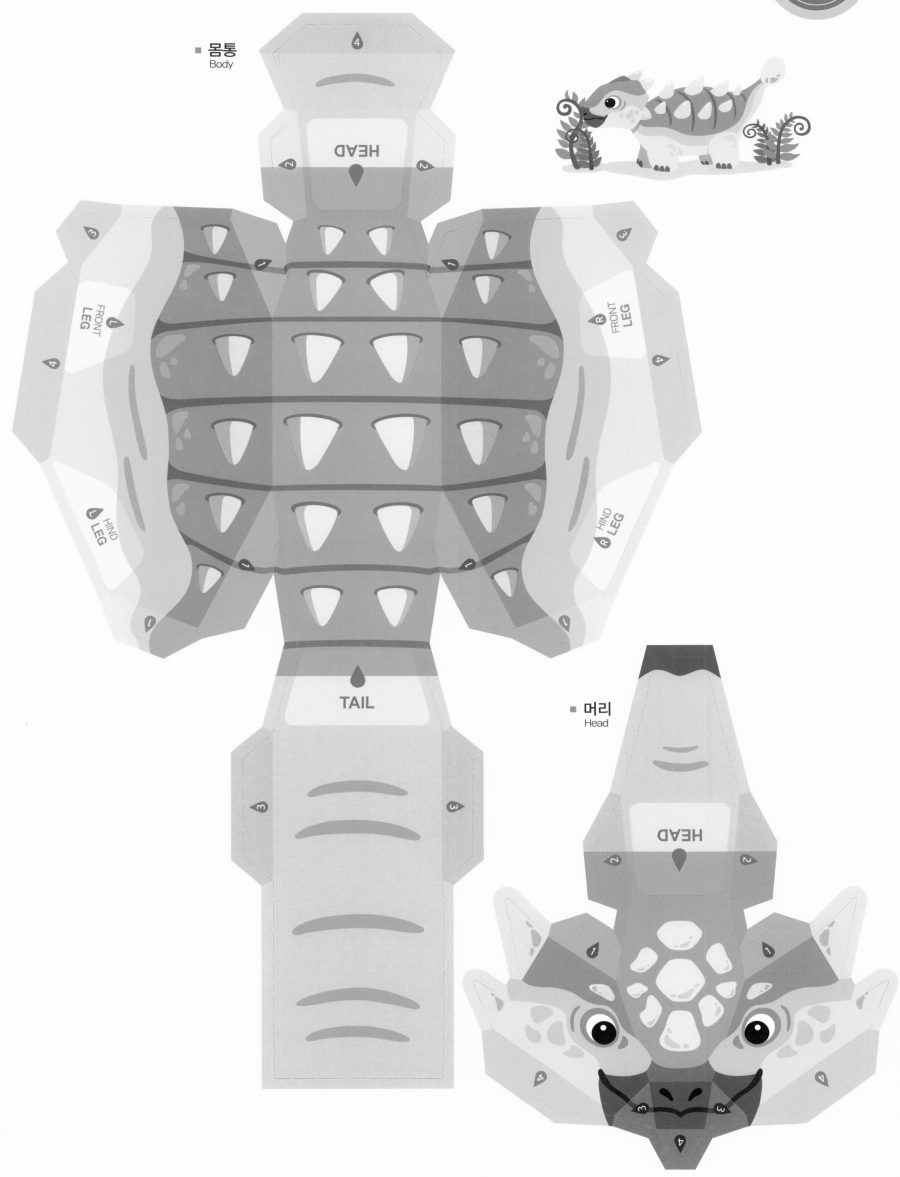

4

HEAD

2 2

3 3

1 1

FRONT
LEG L

R FRONT
LEG

4 4

L HIND
LEG

R HIND
LEG

1 1

1 1

TAIL

3 3

■ 머리
Head

HEAD

2 2

1 1

4 4

3 3

4

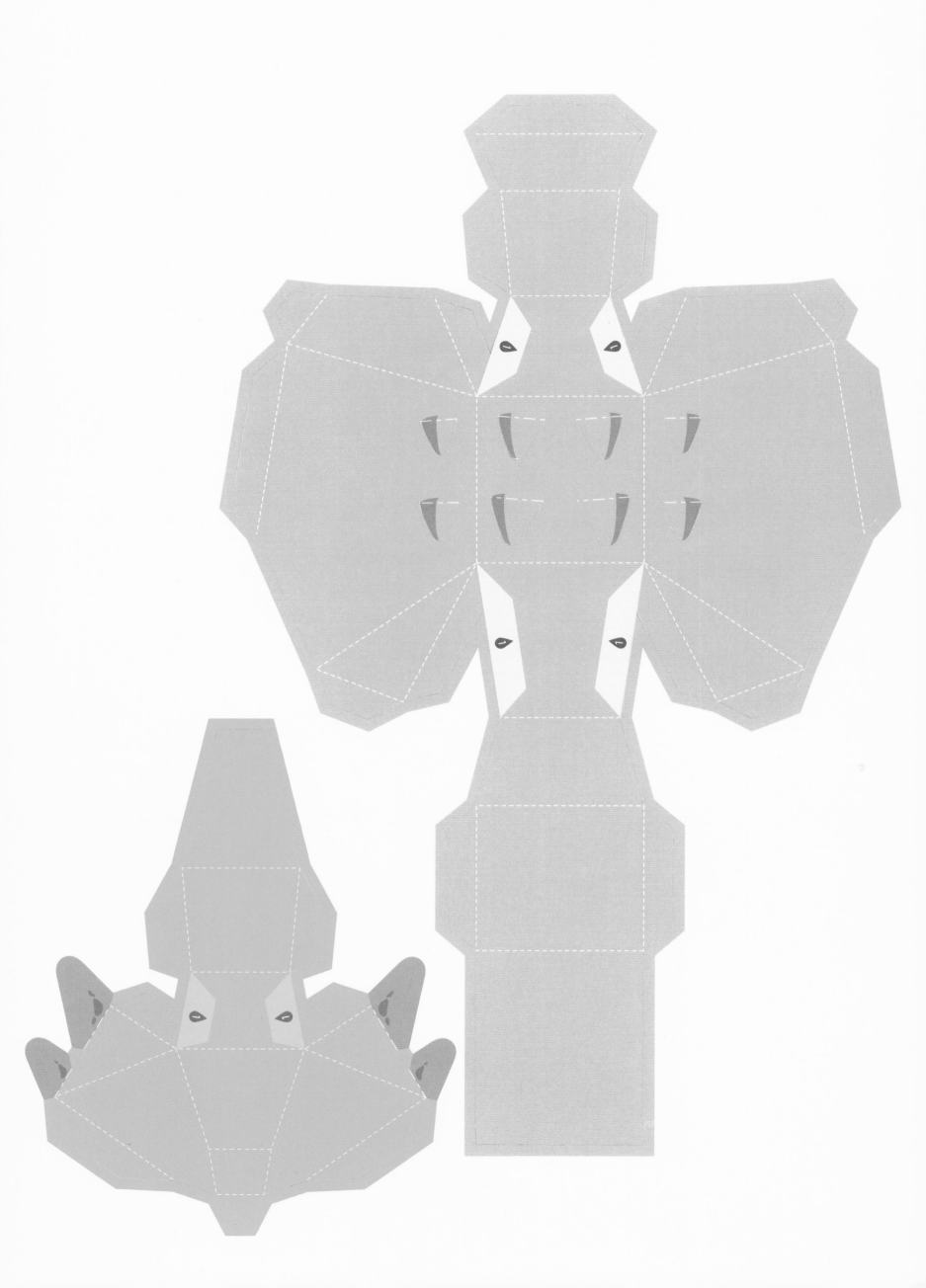

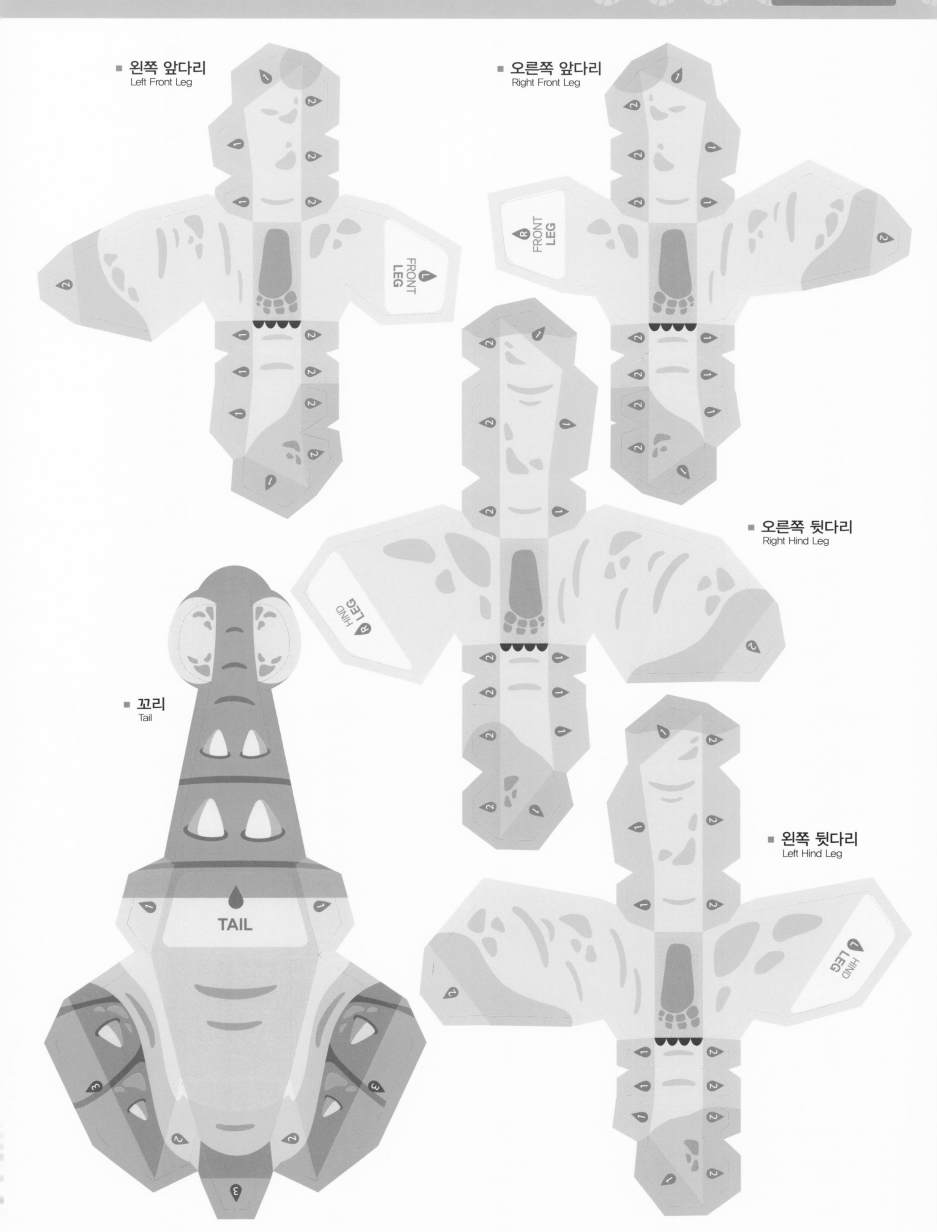

- **왼쪽 앞다리**
  Left Front Leg

- **오른쪽 앞다리**
  Right Front Leg

- **오른쪽 뒷다리**
  Right Hind Leg

- **꼬리**
  Tail

- **왼쪽 뒷다리**
  Left Hind Leg

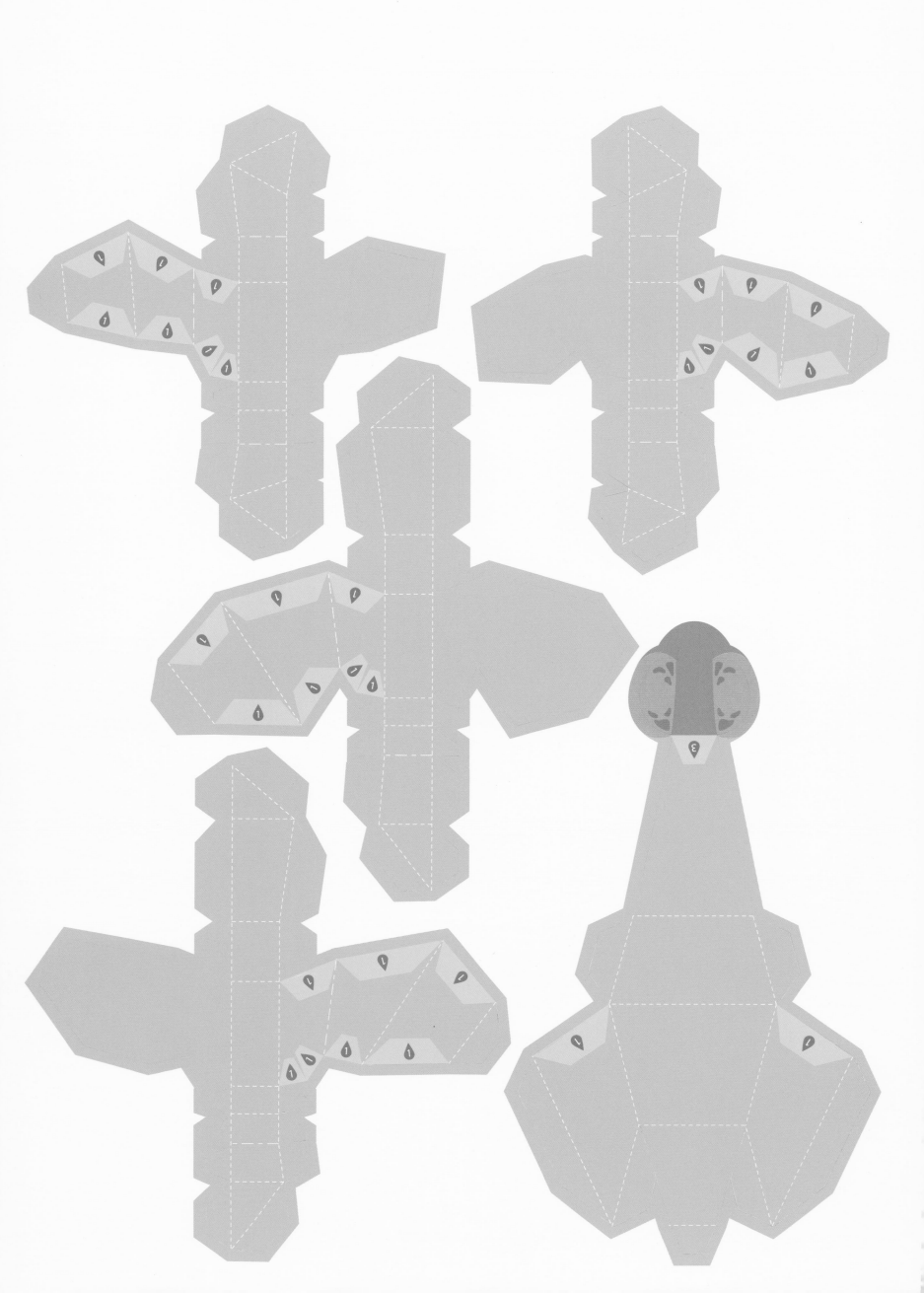

티라노사우루스 Tyrannosaurus

백악기 후기에 활동한 당시 최고 포식자인 육식공룡입니다.

용반목 / 육식공룡

[티라노사우루스 분포 지역]

·학명	Tyrannosaurus rex
·몸길이	12~13m
·무게	4.5~8t
·키	4.6~6m
·활동시기	백악기 후기

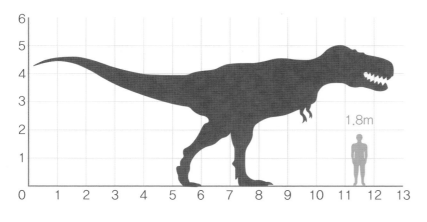

폭군 도마뱀

폭군을 뜻하는 'Tyrannos'와 도마뱀을 뜻하는 'Sauros'가 합쳐진 이름으로, 가장 유명한 육식공룡입니다.

날카로운 원뿔형 이빨을 가지고 있으며, 길고 잘 발달된 뒷다리와 강한 근육으로 당시 최고의 포식자였습니다. 가장 큰 무기는 강력한 턱과 굵은 목으로, 어떠한 사냥감도 한 번 물면 놓지 않았으며 뼈 속까지 부서질 정도의 강력한 힘으로 사냥했습니다.

커다란 몸집에도 불구하고 잘 발달된 뒷다리와 꼬리를 이용해 빠르게 달릴 수 있으며, 강력한 뒷다리에 비해 앞다리는 극단적으로 작고 약해 보행에는 사용되지 못했습니다.

티라노사우루스 페이퍼토이 만들기 설명서

① ② ③ 풀칠하는 순서

------- 안으로 접는선

-·-·-·- 밖으로 접는선

⬇ 끼우기

🧴 목공용 풀을 사용하면 더욱 잘 붙습니다

- 완성된 이미지와 조립설명서를 보며 완성해 보세요.
- 양손으로 천천히 떼어내면 안전하게 부품을 떼어낼 수 있습니다.
- 물방울 표시의 순서에 맞게 풀을 붙여 나갑니다.
- 풀이 붙을 때까지 10분 정도 페이퍼토이를 건조시켜 줍니다.

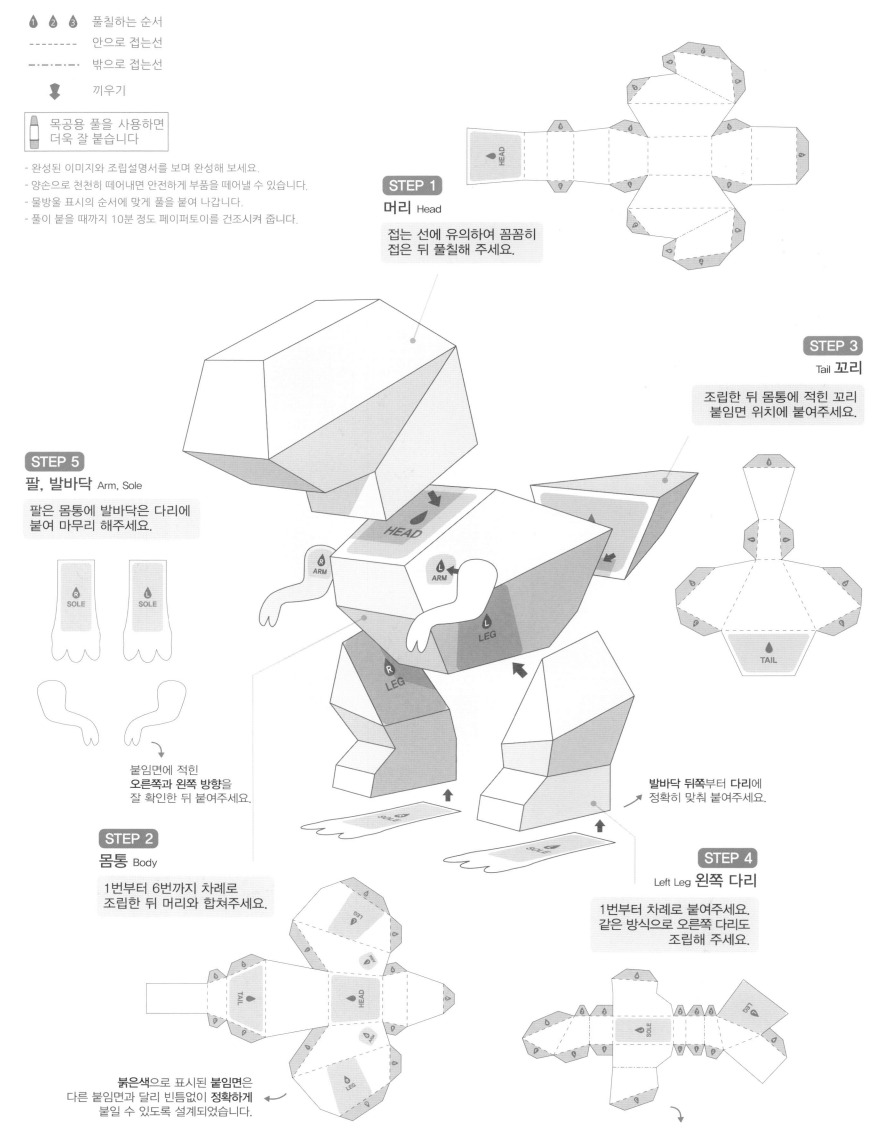

STEP 1
머리 Head
접는 선에 유의하여 꼼꼼히 접은 뒤 풀칠해 주세요.

STEP 3
Tail 꼬리
조립한 뒤 몸통에 적힌 꼬리 붙임면 위치에 붙여주세요.

STEP 5
팔, 발바닥 Arm, Sole
팔은 몸통에 발바닥은 다리에 붙여 마무리 해주세요.

붙임면에 적힌 **오른쪽과 왼쪽 방향**을 잘 확인한 뒤 붙여주세요.

STEP 2
몸통 Body
1번부터 6번까지 차례로 조립한 뒤 머리와 합쳐주세요.

붉은색으로 표시된 **붙임면**은 다른 붙임면과 달리 빈틈없이 **정확하게** 붙일 수 있도록 설계되었습니다.

발바닥 뒤쪽부터 다리에 정확히 맞춰 붙여주세요.

STEP 4
Left Leg 왼쪽 다리
1번부터 차례로 붙여주세요. 같은 방식으로 오른쪽 다리도 조립해 주세요.

⚠ 다리를 몸통에 붙일 때 몸통에 적힌 **다리 붙임면 가이드**에 맞춰 빈틈없이 붙여야 안정적으로 설 수 있습니다.

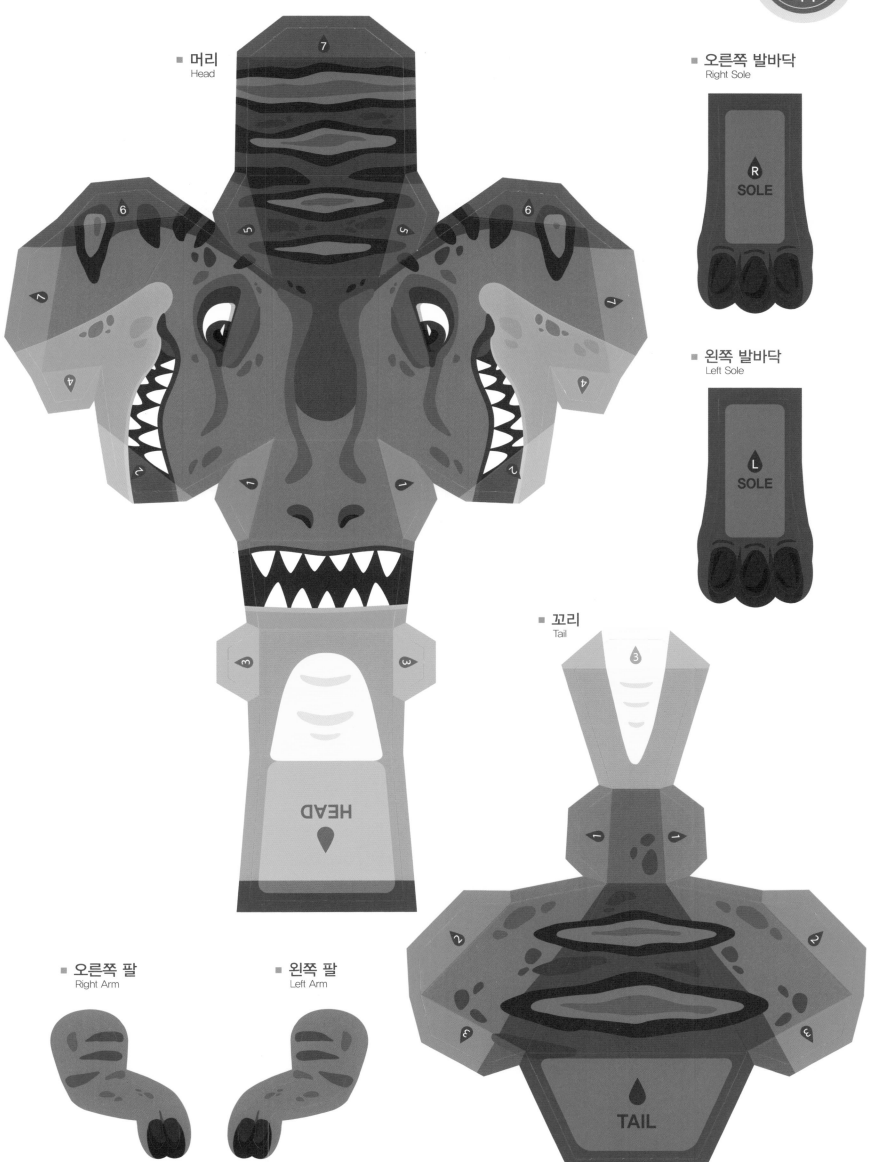

■ 머리
Head

■ 오른쪽 발바닥
Right Sole

R
SOLE

■ 왼쪽 발바닥
Left Sole

L
SOLE

■ 꼬리
Tail

HEAD

TAIL

■ 오른쪽 팔
Right Arm

■ 왼쪽 팔
Left Arm

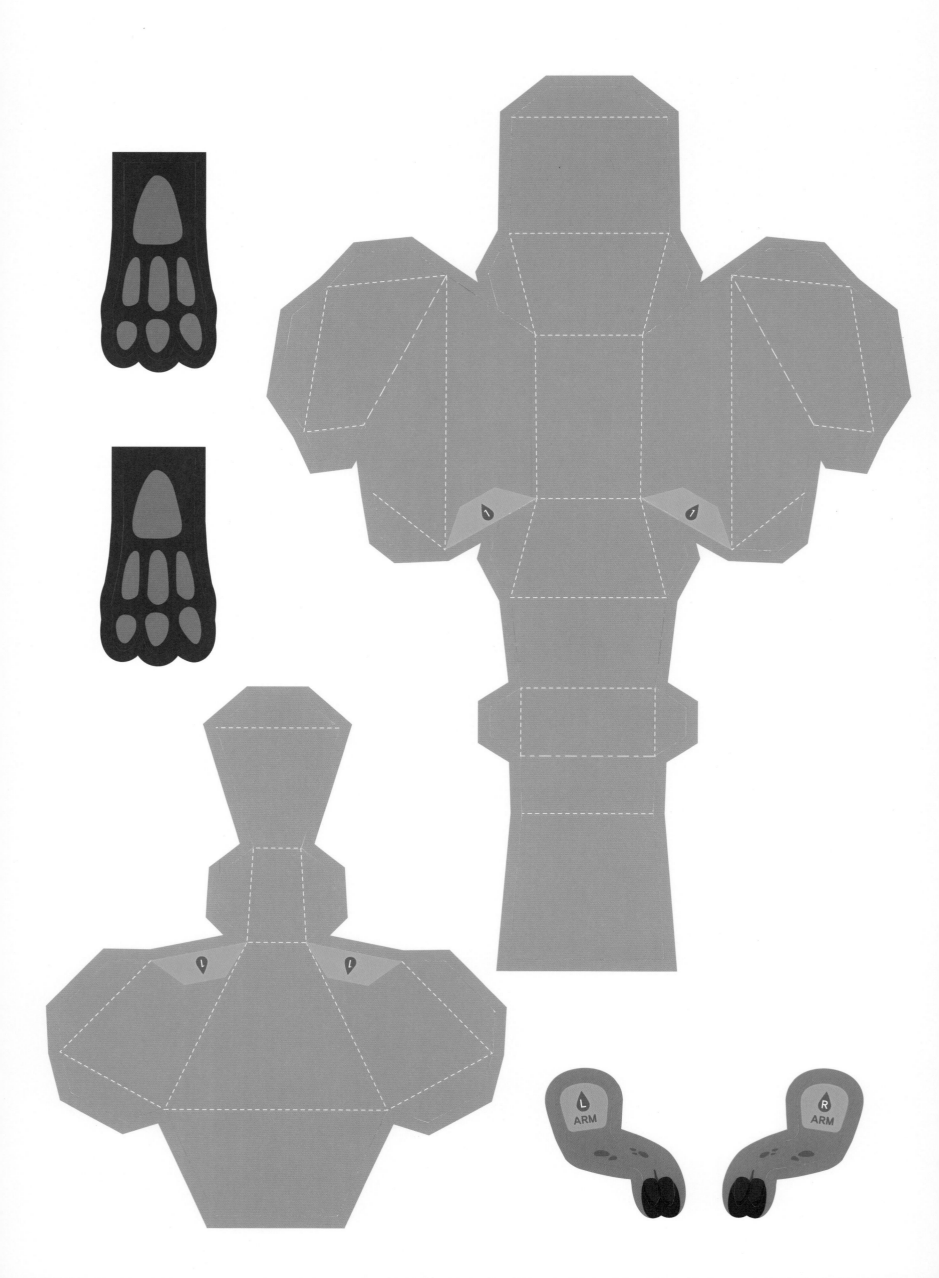

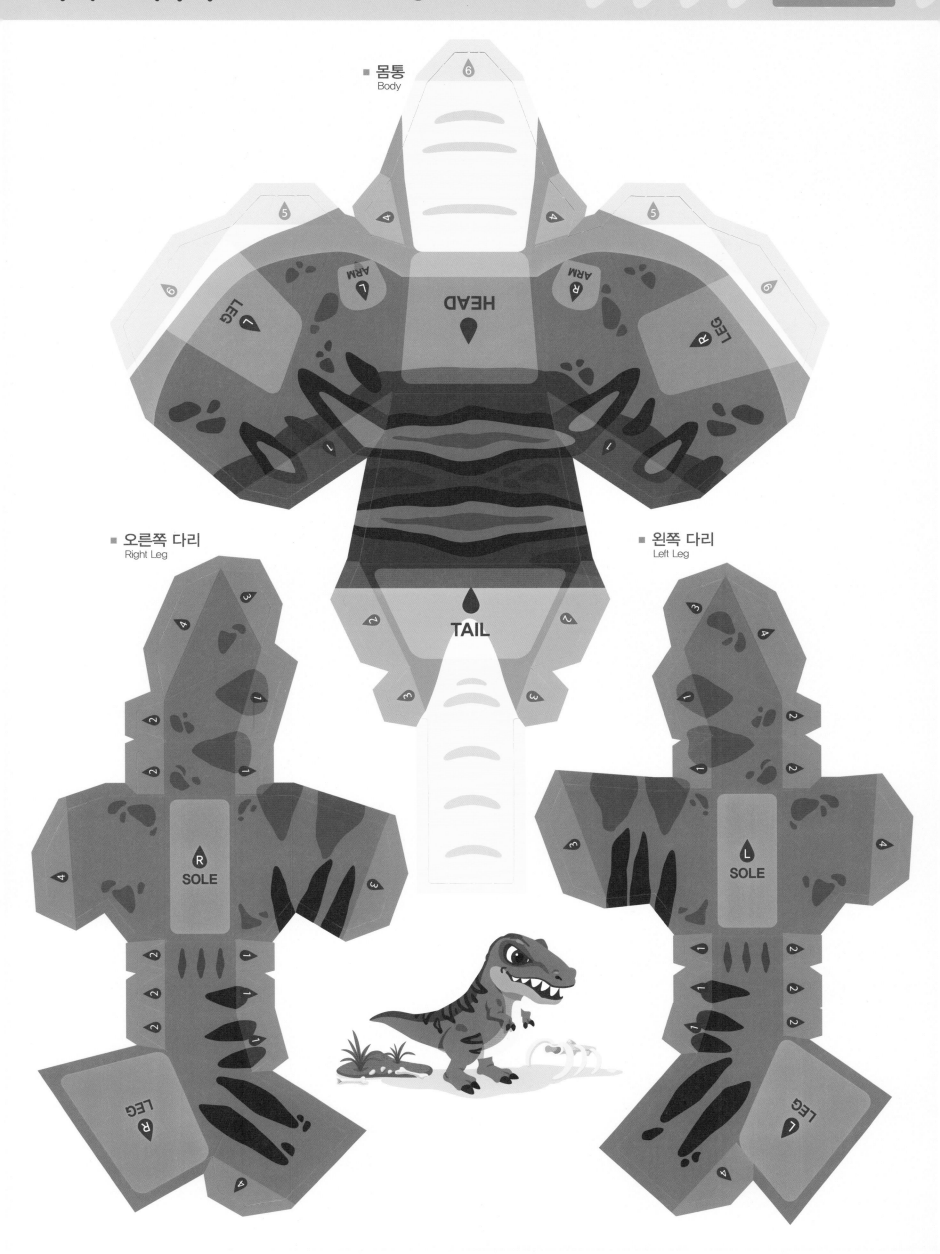

■ 몸통
Body

■ 오른쪽 다리
Right Leg

■ 왼쪽 다리
Left Leg

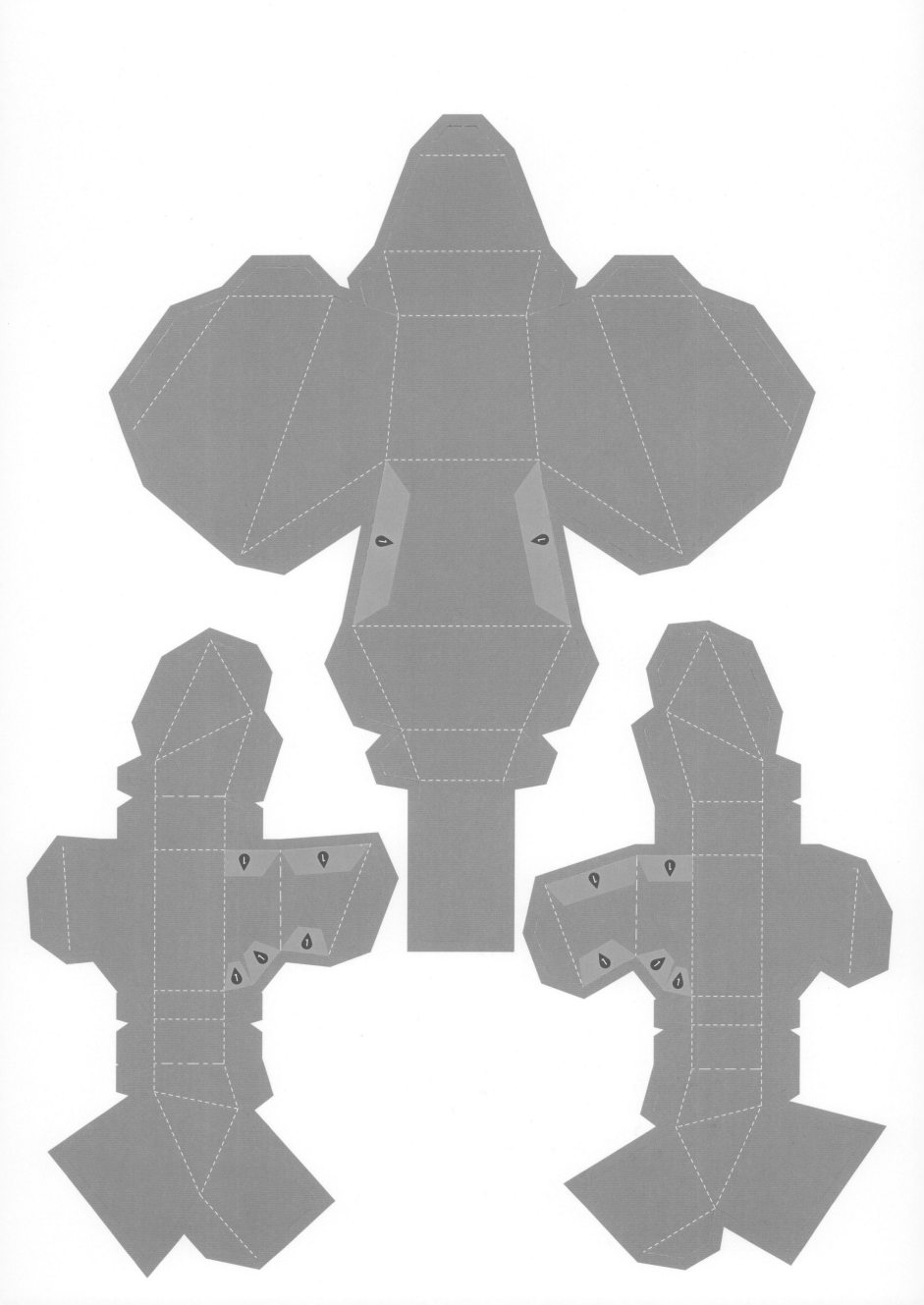

파라사우롤로푸스 Parasaurolophus

백악기 후기에 활동한 커다란 볏을 가진 초식공룡입니다.

조반목 / 초식공룡

북아메리카

[파라사우롤로푸스 분포 지역]

· **학명**　　　Parasaurolophus walkeri

· **몸길이**　　　7.5~10m

· **무게**　　　2.6~5t

· **키**　　　5m

· **활동시기**　　백악기 후기

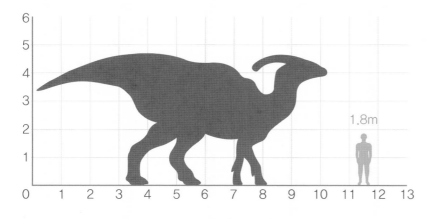

1.8m

사우롤로푸스를 닮은 도마뱀

머리뼈 뒤에서부터 늘어져 있는 속이 빈 볏은 1.8m 길이로 자랐으며, 코와 연결되어 있습니다. 이 볏은 트롬본처럼 소리를 내어 육식공룡의 습격을 알리거나 멀리 떨어져 있는 같은 무리에게 위험을 경고할 때 사용되었을 것으로 추정됩니다. 또한 종족 간의 의사소통에도 활용되었을 것으로 보입니다.

파라사우롤로푸스는 오리주둥이 공룡에 속해 입이 오리처럼 넓적하고, 입안에 작은 이빨이 많이 나 있어 다양한 나뭇잎을 씹어 먹었습니다. 온순한 성격을 가진 이 공룡은 네 발로 서서 솔잎과 나뭇가지를 뜯어 먹었으며, 머리 위의 나뭇잎을 먹거나 위험을 피할 때는 이족 보행을 했을 것으로 추정됩니다.

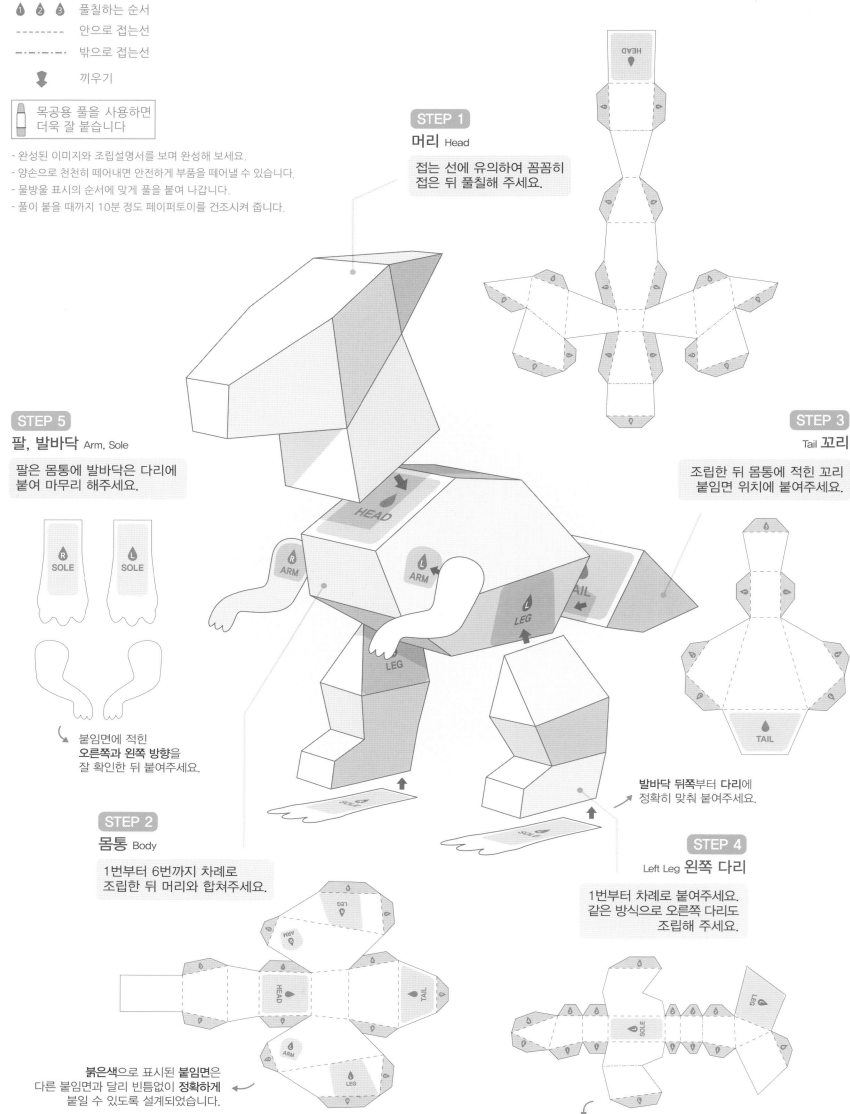

풀칠하는 순서

-------- 안으로 접는선

-·-·-·- 밖으로 접는선

끼우기

목공용 풀을 사용하면 더욱 잘 붙습니다

- 완성된 이미지와 조립설명서를 보며 완성해 보세요.
- 양손으로 천천히 떼어내면 안전하게 부품을 떼어낼 수 있습니다.
- 물방울 표시의 순서에 맞게 풀을 붙여 나갑니다.
- 풀이 붙을 때까지 10분 정도 페이퍼토이를 건조시켜 줍니다.

STEP 1

머리 Head

접는 선에 유의하여 꼼꼼히 접은 뒤 풀칠해 주세요.

STEP 5

팔, 발바닥 Arm, Sole

팔은 몸통에 발바닥은 다리에 붙여 마무리 해주세요.

붙임면에 적힌 **오른쪽과 왼쪽 방향을** 잘 확인한 뒤 붙여주세요.

STEP 3

Tail 꼬리

조립한 뒤 몸통에 적힌 꼬리 붙임면 위치에 붙여주세요.

STEP 2

몸통 Body

1번부터 6번까지 차례로 조립한 뒤 머리와 합쳐주세요.

붉은색으로 표시된 붙임면은 다른 붙임면과 달리 빈틈없이 **정확하게** 붙일 수 있도록 설계되었습니다.

발바닥 뒤쪽부터 다리에 정확히 맞춰 붙여주세요.

STEP 4

Left Leg 왼쪽 다리

1번부터 차례로 붙여주세요. 같은 방식으로 오른쪽 다리도 조립해 주세요.

다리를 몸통에 붙일 때
몸통에 적힌 **다리 붙임면 가이드**에 맞춰 빈틈없이 붙여야 안정적으로 설 수 있습니다.

초식

■ 왼쪽 다리
Left Leg

■ 머리
Head

■ 오른쪽 다리
Right Leg

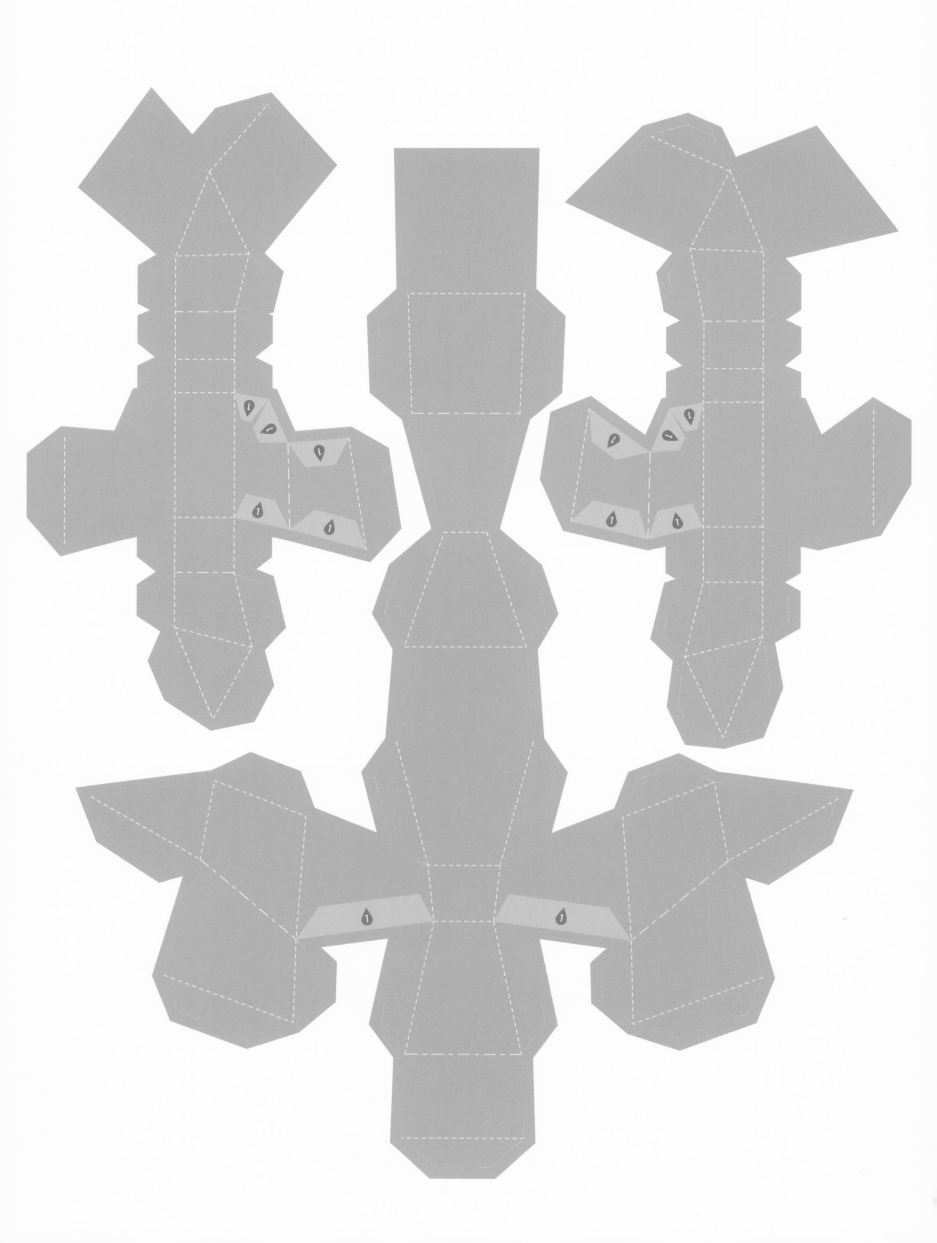

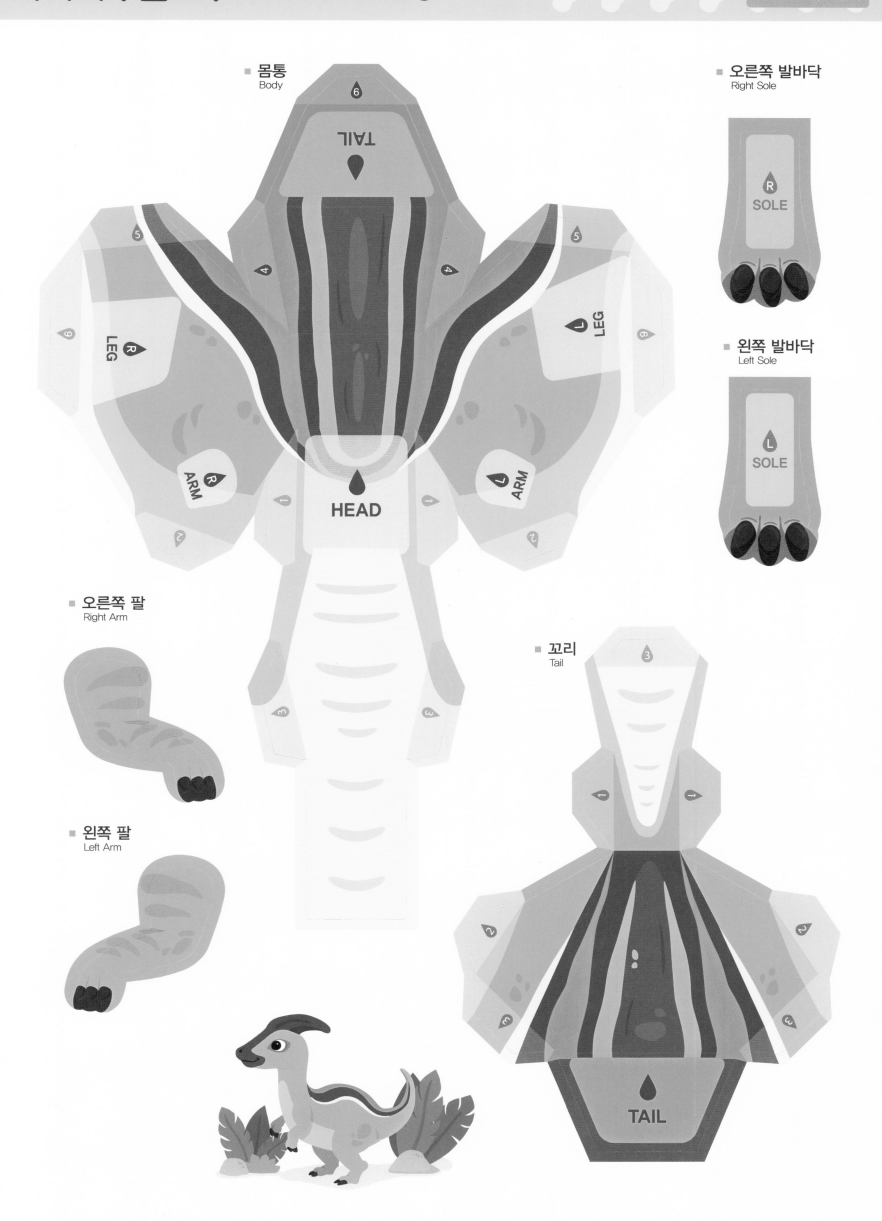

■ 몸통
Body

■ 오른쪽 발바닥
Right Sole

■ 왼쪽 발바닥
Left Sole

■ 오른쪽 팔
Right Arm

■ 왼쪽 팔
Left Arm

■ 꼬리
Tail

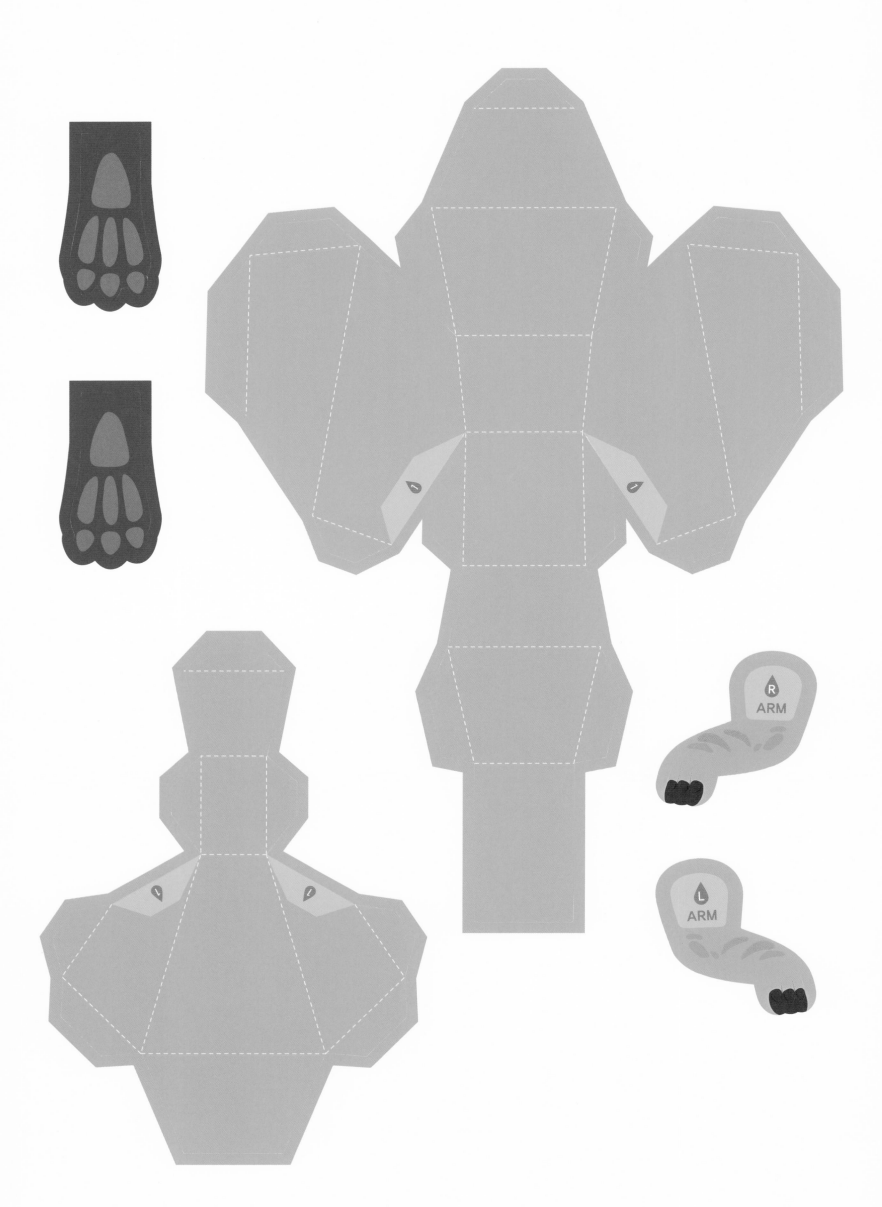

프테라노돈 Pteranodon

백악기 후기에 활동한 거대한 날개로 하늘을 날아다닌 익룡입니다.

익룡목 / 육식

[프테라노돈 분포 지역]

북아메리카

- **학명**   Pteranodon longiceps
- **몸길이**   5.5~7m
- **무게**   20~25kg
- **키**   1.8m
- **활동시기**   백악기 후기

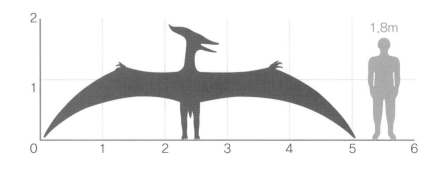

날개는 있으나 이빨이 없다

익룡 중에서 가장 유명하며 지구를 날아다녔던 가장 큰 생물체 중 하나인 프테라노돈입니다. 가죽 같은 막으로 이루어진 거대한 날개를 가지고 있으며, 이빨이 없는 가느다란 부리로 수면에 있는 물고기를 잡아 통째로 삼켜 먹었습니다. 발은 물체를 잡는 데 적합하지 않아 나무에 앉지 못했습니다.

프테라노돈의 머리 뒤쪽에 길게 솟아 있는 볏은 하늘을 날 때 방향과 균형을 잡는 역할을 하며, 뛰어난 시력을 가지고 있어 수면 가까이 활공하듯이 날다가 긴 주둥이로 가까이 올라온 물고기를 낚아채며 사냥했습니다.

대부분 바닷가 절벽에서 살았으며, 육지에서 최대 100km 떨어진 바다에서 물고기를 잡아먹은 흔적이 발견되었습니다.

프테라노돈 페이퍼토이 만들기 설명서

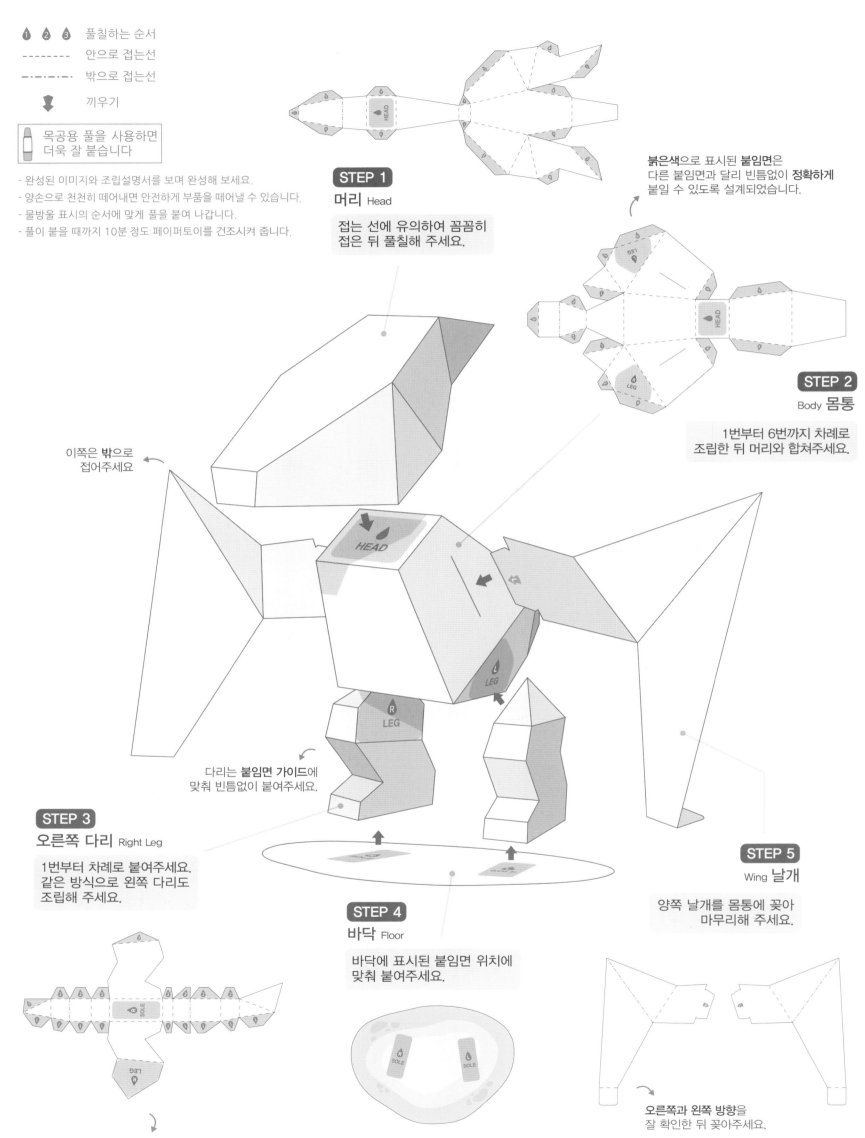

🌢❶ 🌢❷ 🌢❸   풀칠하는 순서

--------   안으로 접는선

-·-·-·-·   밖으로 접는선

🔻   끼우기

목공용 풀을 사용하면 더욱 잘 붙습니다

- 완성된 이미지와 조립설명서를 보며 완성해 보세요.
- 양손으로 천천히 떼어내면 안전하게 부품을 떼어낼 수 있습니다.
- 물방울 표시의 순서에 맞게 풀을 붙여 나갑니다.
- 풀이 붙을 때까지 10분 정도 페이퍼토이를 건조시켜 줍니다.

STEP 1
머리 Head

접는 선에 유의하여 꼼꼼히 접은 뒤 풀칠해 주세요.

붉은색으로 표시된 붙임면은 다른 붙임면과 달리 빈틈없이 정확하게 붙일 수 있도록 설계되었습니다.

STEP 2
Body 몸통

1번부터 6번까지 차례로 조립한 뒤 머리와 합쳐주세요.

이쪽은 밖으로 접어주세요

STEP 3
오른쪽 다리 Right Leg

1번부터 차례로 붙여주세요. 같은 방식으로 왼쪽 다리도 조립해 주세요.

다리는 붙임면 가이드에 맞춰 빈틈없이 붙여주세요.

STEP 4
바닥 Floor

바닥에 표시된 붙임면 위치에 맞춰 붙여주세요.

STEP 5
Wing 날개

양쪽 날개를 몸통에 꽂아 마무리해 주세요.

오른쪽과 왼쪽 방향을 잘 확인한 뒤 꽂아주세요.

⚠️ 다리를 몸통에 붙일 때
몸통에 적힌 다리 붙임면 가이드에 맞춰 빈틈없이 붙여야 안정적으로 서 있을 수 있습니다.

육식

■ 머리
Head

■ 몸통
Body

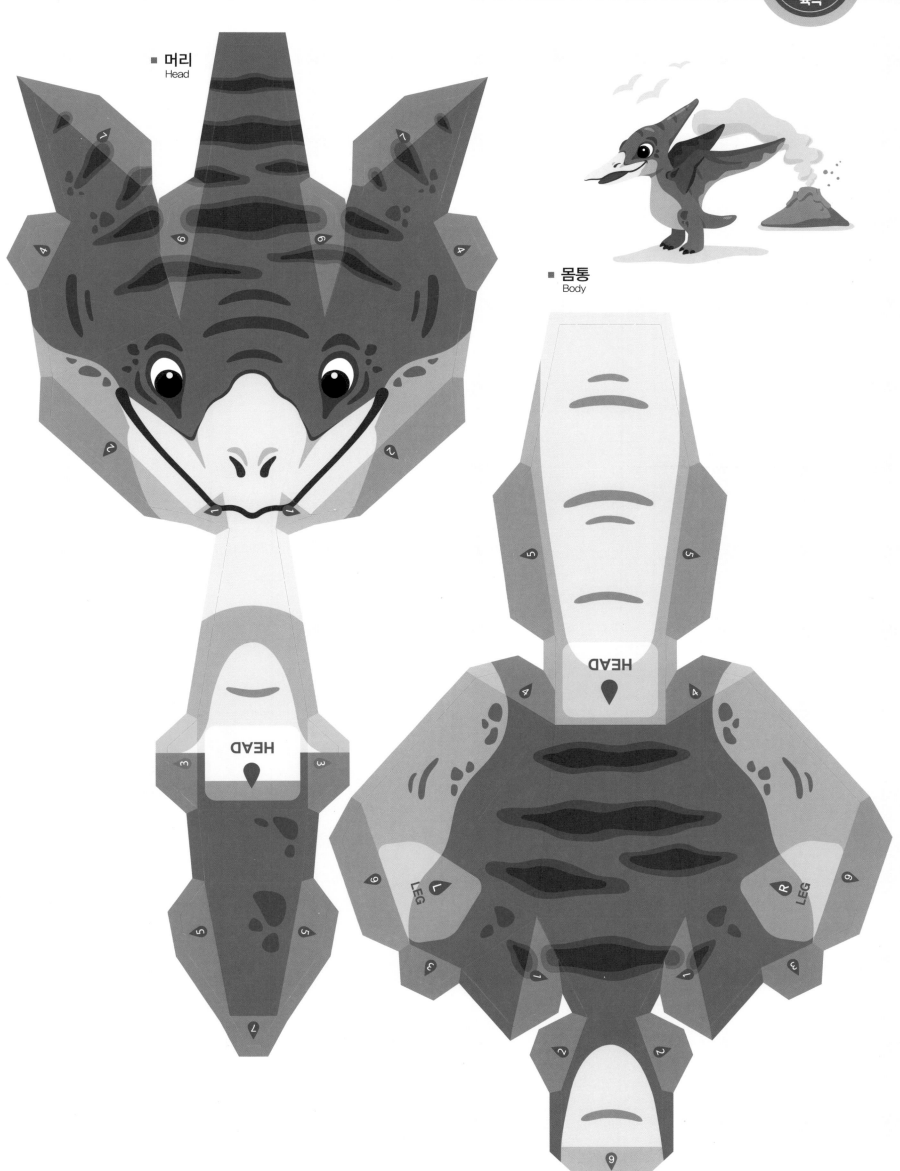

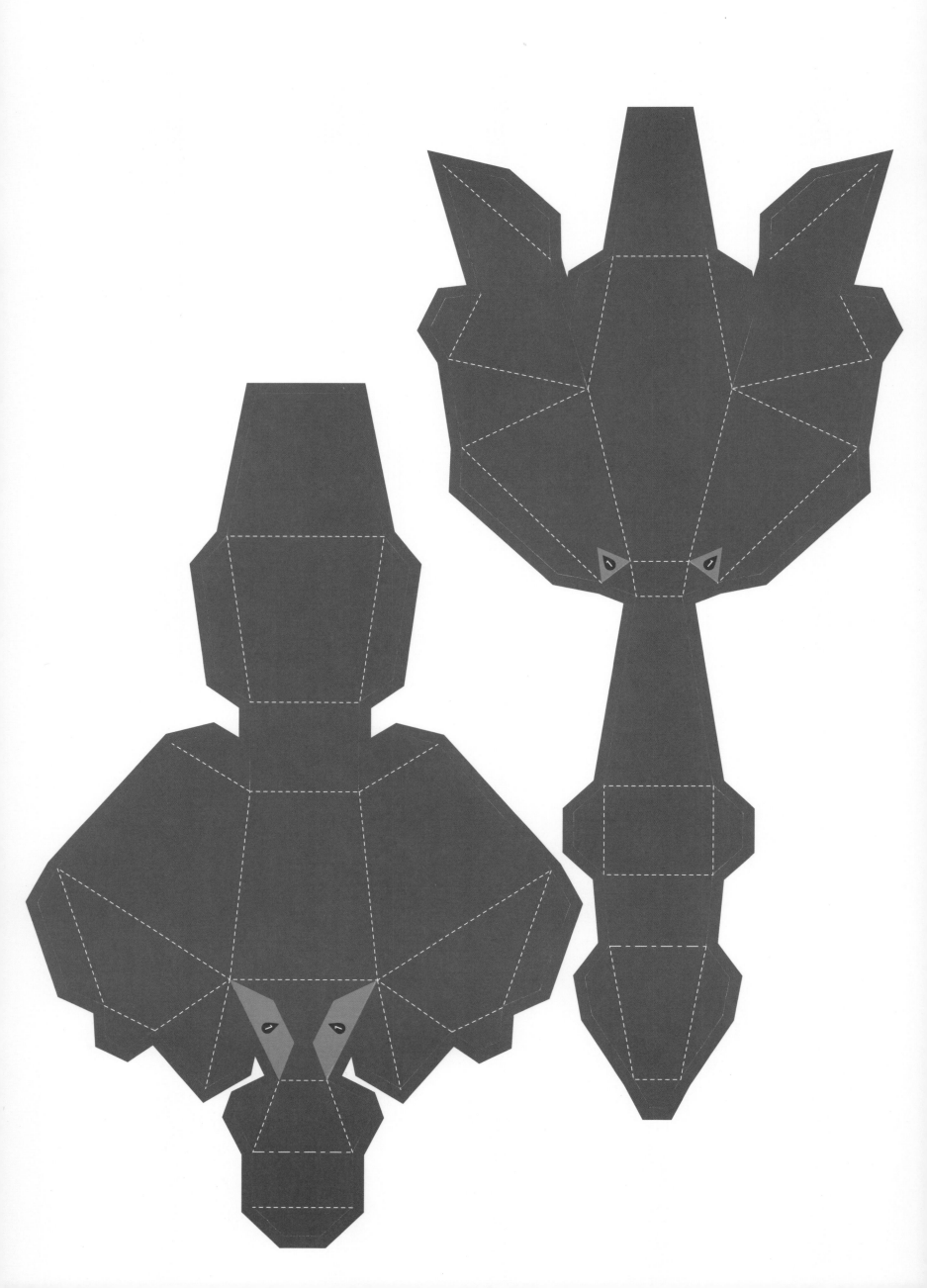

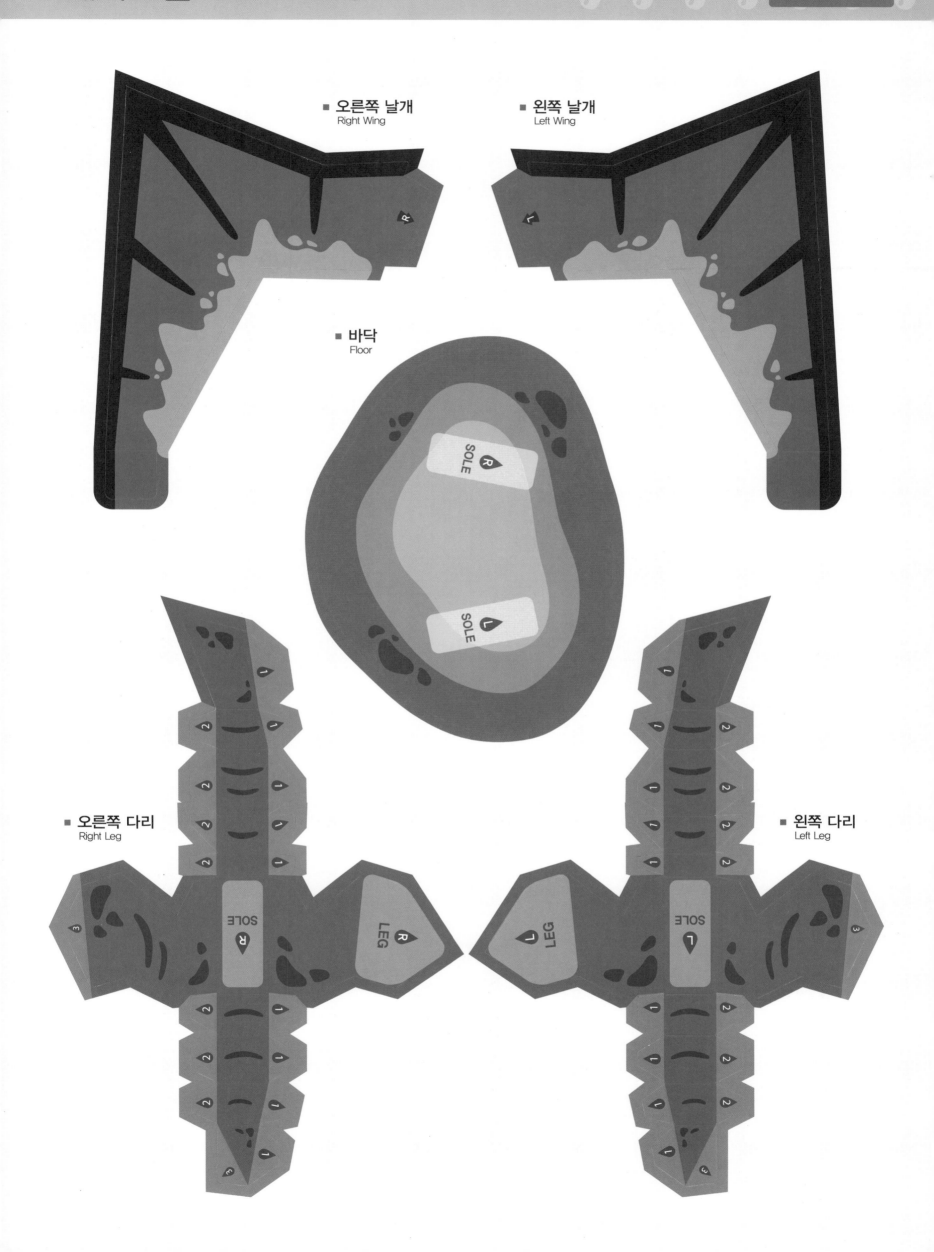

■ 오른쪽 날개
Right Wing

■ 왼쪽 날개
Left Wing

■ 바닥
Floor

■ 오른쪽 다리
Right Leg

■ 왼쪽 다리
Left Leg

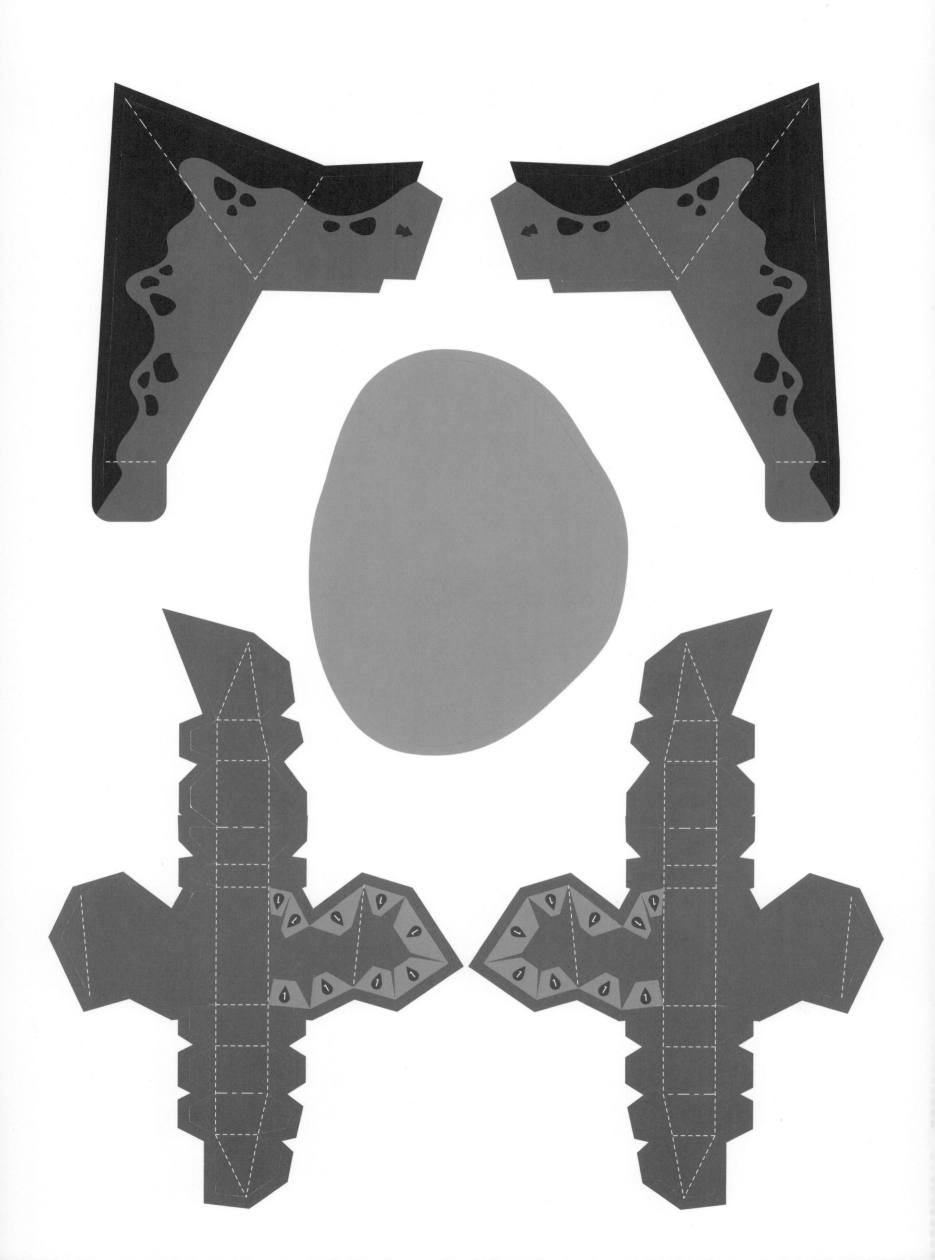

공룡 페이퍼토이 북

Mesozoic Dinosaur
Papertoy Book

중생대 공룡

NEW

*공룡 페이퍼토이 북 신규 서적 '중생대 공룡'

공룡 페이퍼토이 북 중생대 공룡

공룡은 아주 오래전 지구에 살았던 거대한 생명체입니다. 그들의 위용과 생태는 우리의 상상력을 자극하며, 공룡의 세계는 호기심을 키우고 학습의 동기를 부여합니다.

공룡 페이퍼토이를 내 손으로 직접 만들어 보며 각 공룡의 생김새와 특징, 중생대 생태계, 공룡의 역사를 학습할 수 있습니다.

DNA디자인스튜디오의 공룡 페이퍼토이 북과 함께 상상력과 호기심을 자극하는 공룡의 세계로 떠나보세요.

#페이퍼토이 #창의력 #두뇌발달 #교육 #교구 #중생대 #공룡 #육식 #초식

구성 | 10종의 중생대 공룡에 대한 설명과 조립방법, 도안으로 구성되어 있습니다.

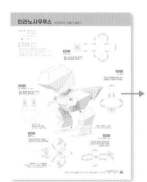

각 공룡에 대한 내용을 살펴본 뒤 설명 페이지를 보며 조립해보세요.

공룡에 대한 설명과 조립방법

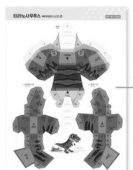

붙임면에 적힌 **오른쪽과 왼쪽 방향**을 잘 확인한 뒤 붙여주세요.

공룡 페이퍼토이 도안 ①, ②

페이퍼토이 만드는 방법

만들고 싶은 공룡 페이퍼토이를 선택한 후, 도안을 천천히 뜯어 점선을 따라 접어주세요.

물방울에 쓰인 순서에 맞게 풀을 발라 붙여줍니다.

공룡 페이퍼토이 완성

DNA디자인스튜디오 페이퍼토이

페이퍼토이 북 시리즈 위인 페이퍼토이 북
나라를 지킨 장군들 BEST

내 손으로 만드는 위인전

위인 페이퍼토이 북 나라를 지킨 장군들 편에서는 책 한 권으로 10가지의 페이퍼토이를 만날 수 있습니다.

대한민국 역사 속 위인 페이퍼토이 북 장군 편에 담긴 애국심과 책임감, 죽음을 두려워하지 않고 싸우는 용맹함을 페이퍼토이로 만나보세요.

완성한 후에는 활동지를 통해 위인을 알아볼 수 있습니다. 위인 페이퍼토이 북과 함께 세상을 빛낼 나의 역사를 써볼까요?

#페이퍼토이 #창의력 #역사학습 #교육 #두뇌발달 #위인 #장군

페이퍼토이 북 시리즈 동물 페이퍼토이 북
멸종위기동물 BEST

위기에 처한 지구의 동물들, 멸종위기동물

기후변화, 밀렵, 서식지 파괴 등 여러 이유로 생존을 위협받는 10종의 멸종위기동물들을 소개합니다.

멸종위기동물 페이퍼토이를 내 손으로 직접 만들어 보며 각 동물의 특징과 서식지, 멸종위기의 이유 등을 학습할 수 있고 환경 및 생태계 파괴에 대한 문제의식을 전달합니다.

사라져가는 멸종위기동물들에 대해 알아보고 동물들을 지킬 수 있는 방법을 함께 찾아보아요!

#페이퍼토이 #창의력 #생태계학습 #교육 #두뇌발달 #멸종위기동물

무궁무진한 페이퍼토이의 매력!

DNA페이퍼토이는 종이로 만드는 아트토이로 입체조형에 대한 이해를 높일 수 있는 친환경 에듀테인먼트 체험교재입니다.

평면적인 2D 표현기법을 입체적으로 표현하면서 공간 지각 및 창의력을 향상하는 데에 도움을 줍니다. 페이퍼토이를 완성하며 자연스럽게 스토리텔링을 하고, 더 나아가 자신의 개성을 표현할 수도 있습니다.

심리적 안정, 교육 교구재, 집중력 향상, 창의력 발달, 두뇌 자극 등 언제든 활용이 가능한 DNA페이퍼토이를 만나보세요!

페이퍼토이 브랜드 콜라보레이션

UNITED COLORS OF BENETTON. 베네통키즈 심볼 볼피 캐릭터 페이퍼 오브제 시리즈 개발

LifeWork HIDEAWAY 라이프워크 심볼 캐릭터 라독 페이퍼 오브제 개발

CGV 어린왕자 캐릭터 페이퍼토이 프로모션 전용 상품개발

국립광주박물관 모모부인/두두장군 페이퍼토이